"*Obsesión del alma* es un llamado a las armas para el Cuerpo de Cristo. Los cautivantes relatos de Nicky Cruz sobre su apasionada búsqueda de las almas, inspirada por Dios, nos retan a confiar en Él con la fe de un niño y a amar a otros con sincera misericordia y profunda compasión. ¡Este libro aviva las brasas de la complacencia! Te sentirás enardecido, desafiado e inspirado por este extraordinario libro."

—JOHN BEVERE, autor, orador y
presidente de Messenger Internacional

"¡No se puede dejar de leer! Me sentí desafiado conforme Nicky Cruz me llevaba por esa búsqueda de Dios que llegó a convertirse en la pasión que mueve su vida. También te enterarás de sus orígenes en Puerto Rico y sus cruzadas de evangelización, desde Noruega a Hawai. Si leíste *La cruz y el puñal*, y *¡Corre Nicky!, ¡Corre!*, ¡no puedes perderte *Obsesión del alma!*"

—ROBERT STRAND, orador y autor de
Angel at my Door y otros libros

"En *Obsesión del alma*, Nicky Cruz relata historias de su vida y ministerio que cambiarán radicalmente la forma en que ves a las personas. Las singulares experiencias de Nicky y sus contactos con todo tipo de gente lo ubican en una posición de autoridad para hablar de lo que Dios siente por los perdidos. Si quieres que tu ministerio crezca en poder, asegúrate de estar buscando lo que Dios busca: gente para Él."

—TED HAGGARD, pastor principal de la Iglesia New Life

OBSESIÓN
DEL ALMA

NICKY CRUZ
con Frank Martin

CASA
CREACIÓN
A STRANG COMPANY

Obsesión del alma por Nicky Cruz
Publicado por Casa Creación
Una compañía de Strang Communications
600 Rinehart Road
Lake Mary, Florida 32746
www.casacreacion.com

A menos que se indique lo contrario, todos los textos bíblicos
han sido tomados de la *Santa Biblia, Nueva Versión Internacional* (NVI),
© 1999 por la Sociedad Bíblica Internacional. Usado con permiso.

Originally published in English under the title:
Soul Obsession
Copyright © 2005 by Nicky Cruz
This translation is published by arrangement with
WaterBrook Press,
a division of Random House, Inc.

Edición por María Fabbri Rojas
Traducción y diseño interior por: Grupo Nivel Uno, Inc.

Library of Congress Control Number: 2005936943

ISBN: 1-59185-842-9

Impreso en los Estados Unidos de América

05 06 07 08 09 ❖ 9 8 7 6 5 4 3 2 1

DEC 1 - 2006

Dedico este libro a varias personas que han tocado mi alma.

BOBBY Y ROSE CRUZ

Bobby es el pastor fundador de la iglesia Casa de Oración en Miami, Florida. Proviene del mundo del entretenimiento secular y es conocido como el padre de la salsa como género musical. Bobby, junto con Richie Ray, inventaron la música salsa. Hubo un tiempo en que fueron tan populares como los Beatles, y su popularidad sigue siendo grande hoy en día. Son muy amados no solamente en Puerto Rico, sino también en todos los países de Latinoamérica, Europa y Japón. He asistido a conciertos donde llenan estadios, y he visto cómo detienen el concierto para hablar de Jesús y su amor. Durante esos momentos, no se andan con vueltas y siempre les brindan a las personas la oportunidad de aceptar a Cristo. Bobby es tan sensible a la guía del Espíritu Santo que considero un honor llamarlo mi amigo e hijo espiritual.

SONNY Y JULIE ARGUINZONI

Como fundador de Victory Outreach International, Sonny lleva treinta y cinco años dignificando a los marginados. Victory Outreach ha fundado más de quinientas iglesias en todo el mundo, y ha hecho más que cualquier otro ministerio que yo conozca por salvar a los niños y jóvenes de las drogas y el alcohol. Jesús llamó a Sonny, un ex adicto, y lo convirtió en un poderoso hombre de Dios. Siempre tendrá un lugar especial en mi corazón. Para mí, es como la madre Teresa: abre campos de esperanza para los pobres y marginados. Sonny es mi hijo espiritual, y lo amo como a un hermano.

MARILÚ Y CARLOS DONES REYES

Juntos fundaron la Iglesia Bautista Bethel en Puerto Rico hace más de treinta años, y la siguen pastoreando fielmente. Como yo, creen en hacer lo que sea necesario para difundir el evangelio y guiar a la gente a Jesús. Están totalmente dedicados a Dios y su comunidad. Marilú y Carlos son personas de oración, principios y carácter, pues jamás negocian, jamás se rinden. ¡Estoy muy orgulloso de tenerlos como amigos!

VÍCTOR Y CARMEN TORRES

Víctor es mi hijo espiritual. Fue salvado mientras estaba en Teen Challenge (Desafío Juvenil), en la ciudad de Nueva York cuando yo era su director. Víctor y su esposa, Carmen, son pastores fundadores de New Life Outreach International, una floreciente iglesia de Richmond, Virginia. Estoy orgulloso de ellos; han recorrido un largo camino. En las buenas, en las malas, y también en las regulares han perseverado y mantenido constantes en su caminar con el Señor. Son verdaderos ejemplos de que la integridad en el ministerio rinde frutos, lo que se evidencia en su servicio a Dios.

REGGIE WHITE

Reggie se fue a morar con el Señor en diciembre de 2004. ¡Qué increíble hombre de Dios fue él! Reggie tenía el don de ganar gente para Jesús. Siempre les testificaba a todos, y se dedicaba sobre todo a alcanzar a los demás afroamericanos. La vida de Reggie fue un testimonio al mundo, y, en particular, entre los aficionados a los deportes. Conocí a Reggie como un hombre muy generoso, que caminó siempre con Cristo y jamás transigió. A Sara y sus hijos, Jeremy y Jecolia, les digo que amé a Reggie, pues era mi amigo y lo echaré mucho de menos.

FRANK BÁEZ

Frank fue mi hijo espiritual quien recientemente partió a morar con el Señor. Lo asombroso de Frank era la humildad de su vida. De los trece que yo envié a la escuela, Frank tomó un rumbo diferente. Su único sostén venía de mí y Jesús. Frank fue fiel a su salvación, su llamado y su linda esposa, Lolita. Será echado de menos, no solamente por mí, sino por muchos otros, incluyendo a su familia y congregación en Brighton, Colorado.

RECONOCIMIENTOS

Hay varias personas a quienes tengo que agradecer por su ayuda con este libro.

Ante todo, gracias a Alicia y Patrick, mi hija y mi yerno, por ayudarnos a compilar información y por bendecirme con sus vidas.

A Karen Robinson, por las horas que pasó leyendo el manuscrito y captando nuestros errores, muchas veces en su tiempo libre, para que este libro fuera mejor.

Al Dr. James Derickson, mi médico personal y amigo. Es un médico que verdaderamente se interesa por sus pacientes, no sólo por sus cuerpos, sino por sus corazones. Tiene penetración espiritual además de conocimiento profesional, y esto lo convierte en un sanador y amigo excepcional. Se ha interesado realmente en mi vida y mi ministerio, así como en mi salud, y por eso le estaré eternamente agradecido.

Finalmente a Gloria, mi dulce esposa, por recordarme muchas de las historias y datos que necesitábamos incluir en este manuscrito. A veces yo no quería escribir sobre un evento en particular, pero ella me convencía para que lo hiciera.

CONTENIDOS

REDIMIDOS POR AMOR

Tenía veintidós años cuando me enteré de que mi madre estaba muriendo, y no estaba preparado para los sentimientos encontrados que la noticia provocó en mí.

En ese entonces, vivía en Nueva York, era un bebé relativamente nuevo en la fe y estaba encargado de Teen Challenge Ministries (Desafío Juvenil). Mi madre se hallaba en Las Piedras, Puerto Rico, en su lecho de muerte en la pequeña casa donde me crié. La mayoría de mis diecisiete hermanos y mi hermana ya estaban a su lado cuando recibí la noticia.

Ojalá entonces hubiese podido decir que amaba a mi madre, pero no podía decirlo. Si sentía algo, oscilaba entre el odio y la indiferencia. Pasé gran parte de mi infancia tratando de ocultarme o escapar de ella. Simbolizaba para mí todo lo que despreciaba de mi pasado.

Deseaba tanto olvidar las muchas veces en que me había golpeado o insultado. Me sentía detestado por ella, aún siendo un niñito. Recuerdo que una vez me llamó "hijo del diablo" frente a sus amigas. Me hacía sentir poca cosa, un desperdicio de espacio sobre la tierra, un error, un niño feo que jamás debió haber nacido.

Durante muchos años, anhelé acercarme a mi madre, abrazarla o sentir un beso suyo en mi mejilla. Pero Satanás se había apoderado de su corazón de tal manera que ella ya no sabía cómo amar, y yo no sabía como devolverle amor. El mal se había aferrado a su espíritu y no lo soltaba. No le permitía ser la madre que yo deseaba y necesitaba tan desesperadamente.

Y ahora estaba muriendo. *¿Debía entristecerme? ¿Fingir que la amaba, correr para estar a su lado como haría todo buen hijo?* Sinceramente no lo sabía. Pero en lo profundo de mi corazón, sabía lo que haría Jesús. Él iría a ver a su madre agonizante. Así que reservé un vuelo a Puerto Rico.

Había olvidado lo hermoso que puede ser Puerto Rico. Como crecí en medio de tanta oscuridad y horror, nunca aprecié los pintorescos alrededores de nuestra pequeña isla del Atlántico. Las Piedras está perfectamente anidada en un valle de exuberantes verdes, rodeada de una belleza indecible. Uno siente que podría extender el brazo y abrazar las magníficas montañas de El Yunque, mientras con la otra mano acaricia las aguas color turquesa del océano. A este lugar lo llamábamos "La lluvia". Es uno de los lugares más hermosos de la tierra.

Volver a ver la casa de mis padres después de siete años me impactó. El lugar parecía tan pequeño e insignificante. Como cualquier otra casa de esa calle. Pero en mi corazón, yo sabía que no era así. Esta casa era el mal hecho paredes, llena de recuerdos horribles e indecible dolor. Cada rincón albergaba demonios de abuso y abandono, demonios que todavía vagaban por las habitaciones como si fueran una pesadilla. Los sentía en los huesos.

Detrás de la casa, como a cien metros hacia el bosque, todavía estaba el edificio redondo y grande, ese lugar que tanto me asustaba cuando niño y que ahora provocaba escalofríos que llegaban al centro de mi ser. De niño, yo solamente sabía que se llamaba "la Casa de los Espíritus", el lugar donde mi madre y mi padre solían ir regularmente para convocar a los espíritus sanadores. El pueblo estaba convencido de que sabía lo que sucedía allí, y en todo Puerto Rico corrían rumores al respecto. Sin embargo pocas personas habían llegado hasta allí personalmente. Sospechaban que era un mal lugar y hablaban de las cosas horrendas que sucedían dentro de la infame Casa de los Espíritus. Yo lo había visto todo de primera mano.

De pie allí, viendo el gran edificio redondo rodeado de árboles, los recuerdos comenzaron a emerger. Recuerdos de cosas extrañas e inexplicables que sucedían allí regularmente. Cosas de las que no quiero hablar, ni siquiera después de tantos años.

Mi padre era espiritista, algunos dicen que era el espiritista más poderoso de todo Puerto Rico, y mi madre era médium. Muchas veces observaba desde afuera por la ventana las sesiones que se convertían en un descontrol total. Los que estaban dentro del edificio gemían, lloraban y gritaban, convocando a los espíritus de los muertos para que despertasen en su presencia. A veces, estos espíritus se apoderaban del cuerpo de mi madre, y su rostro empalidecía mientras los ojos se le ponían de un amarillo violento. Una vez vi a un espíritu malo tomarla con tal fuerza que la catapultó por el aire. Aunque mi madre era una mujer menuda, hicieron falta cuatro o cinco hombres para poder contenerla.

En otra ocasión, vi a mi padre poseído por un espíritu que no podía controlar. Tomó a mi hermano menor, le puso una soga alrededor del cuello e intentó ahorcarlo colgándolo de la rama de un árbol. Hizo falta la fuerza de la familia entera para impedírselo mientras mi hermano se escapaba. Después, mi padre no recordaba el asunto. Era un hombre que en sus cabales jamás les habría hecho algo así a sus hijos.

Aún desde muy pequeño, entendía los peligros de meterse con lo oculto. Sin embargo, vivía en un hogar que hacía mucho más que meterse. En la isla, se nos conocía como la casa *del Taumaturgo* (el hacedor de milagros, el grande). El lugar donde vivían el hechicero y la bruja de Las Piedras.

Esclavizados por el dolor

No podía recordar cuántas veces había jurado no volver nunca, no echar mi sombra en el malvado umbral de la casa de mis padres. Sin embargo, aquí estaba. Y mi madre estaba muriendo. Mientras caminaba por los angostos pasillos de nuestra casa, podía sentir las fuerzas satánicas que la rodeaban, las fuerzas que habían mantenido a mi familia esclavizada en las tinieblas durante tantos años.

Mi madre no me reconoció cuando entré a su habitación. Todavía puedo verla allí, balbuceando incoherentemente, con el sudor corriendo por sus mejillas. Intenté hablarle, pero ella solamente me miraba con ojos fríos y vacíos. Ojos sin vida. Ojos sin amor.

"Mamá, soy yo, Nicky", le dije varias veces. No respondió. Siguió con la mirada fija y vacía, como si yo no estuviese allí.

Como si estuviera poseída por algún antiguo espíritu malvado.

Ver la mirada oscura y maligna de mi madre fue más de lo que podía soportar, así que me di vuelta y escapé. Le dije a mi padre que volvería, pero no estaba seguro de estar diciendo la verdad. *¿Por qué estoy aquí?*, pensé. *Ella no me ama, y ni siquiera me conoce. Sus días de maldad la han alcanzado, y ahora está enfrentando el juicio de Dios. ¿Quién soy yo para interferir?*

Salí a la calle, y anduve el largo camino que me apartaba de la casa de mis padres y del mal que sobrevolaba y rodeaba el lugar. Todo el tiempo que estuve allí, pude sentir que Satanás se burlaba de mí, que me tocaba, que agarraba mi ropa. La casa de mis padres era un nido de ratas habitado por el mal, y yo podía sentirlo en cada fibra en mi ser. Tenía que salir de allí, escapar de las fuerzas de opresión que me atacaban.

Pensé en tomar el primer vuelo disponible de regreso a Nueva York, de regreso a Gloria y a mi nueva vida al servicio de Dios. Allí la gente me necesitaba; la gente de Teen Challenge (Desafío Juvenil), el ministerio al que Dios me había llamado. Allí me entendían. Sabían que ya no era esclavo de mi pasado, ya no era esclavo del odio y el abuso de mi infancia. Ya no era el "hijo del diablo" que mi madre había intentado hacer de mí.

Ella merece este destino. Morirá cómo vivió: rodeada de pecado y poseída por el mal. No puedo ayudarla ahora. Nadie puede hacerlo. Adoró a Satanás sobre la tierra ¡y ahora pasará la eternidad lamiéndole las botas en el infierno!

Mientras caminaba por el verde valle escuchando a los pájaros cantar y los animales escurrirse entre los árboles del bosque, cuanto más me alejaba de la casa tanto más pacífico se volvía todo. El olor de Satanás se esfumaba con cada paso. Tenía toda la intención de irme, de regresar a Nueva York y olvidar a mi madre para siempre, de seguir con mi vida y dejar atrás mi pasado. Sin embargo en algún lugar, en lo profundo de mi espíritu, sabía que no podía hacerlo. Dios no me dejaría ir. Sabía que tenía que volver.

De repente, oí el sonido de un cántico a la distancia. Eran unas voces hermosas y su eco en el viento, como cánticos de alabanza. Recordé que había una iglesia no lejos de la casa de mis padres. Era lunes por la noche, y no esperaba que hubiera gente en la iglesia, pero el sonido se hacía más fuerte a medida que me acercaba. *Necesito estar cerca de otros creyentes,* pensé. *Gente como yo. Quizá puedan orar conmigo. Orar por mí. Darme apoyo espiritual ¡antes de que tenga que volver a ver esos ojos malvados otra vez!*

UN GRITO DE AUXILIO

Entré a la iglesia y me senté en el último banco. Estaban dando testimonios, así que me quedé escuchando hasta que llegara el momento apropiado para ponerme de pie y hablar sobre mi familia. El pastor no me conocía, así que cuando me puse de pie, me presenté. Dije: "Mi nombre es Nicky Cruz, hijo de Don Galo y Aleja Velazques Cruz. Quiero pedirles que vengan a mi casa para orar por mi madre."

"Bienvenido, Nicky", dijo, y nos abrazamos.

Un grupo de personas nos rodeó y les hablé de mi madre agonizante. Expliqué que necesitaba oraciones y apoyo y, mientras hablaba, repetía: "Pastor, ¿estaría dispuesto a venir conmigo y orar por mi madre?"

Antes de que pudiera responder, me volví hacia los que nos rodeaban y les pregunté: "¿Vendría alguno de ustedes a orar por mi madre?"

Nadie dijo una palabra. El silencio era ensordecedor y algunas personas dieron un paso atrás. De repente, una mujer avanzó, una mujer con fuego en los ojos y odio en la voz. "No podemos ir a esa casa", dijo. "Esa casa es maléfica. Ese hombre y esa mujer están poseídos por los demonios. Todos sus hijos son malos. Hasta el perro está poseído por el demonio. Ni siquiera nos acercaremos a ese lugar."

Se me encogió el corazón. Miré a todos, pero nadie quería mirarme. Todos miraban al suelo, y no era apatía lo que percibí, sino miedo. Todos sabían lo que pasaba en la Casa de los Espíritus.

Miré al pastor a los ojos. Y en un último esfuerzo dije: "Pastor, se lo pediré otra vez. ¿Está dispuesto a venir a mi casa y orar por mi madre?".

La mirada del pastor recorrió la habitación mientras pensaba su respuesta. Miró a los que estaban allí, uno por uno. Todos estaban esperando que respondiera. Luego se volvió a mí y dijo: "Nicky, sabes que iré".

Volvió a mirar a su pequeño rebaño, incluyendo a la mujer que había dicho palabras tan duras, y agregó: "Iremos todos".

UN MILAGRO INESPERADO

Habíamos programado reunirnos en la casa de mi madre cerca de las siete de la tarde del día siguiente, pero para las siete y media no había llegado nadie. Yo esperaba en la entrada, mirando el largo camino que serpenteaba hasta la casa, pero no veía a nadie. *No vendrán,* pensé. *El pastor no pudo convencer a nadie para que se aventurara cerca de la malvada Casa de los Espíritus.*

A las ocho me puse de pie, desalentado y desinflado. Me sentía solo y abandonado. *Debí haber sabido que tendrían demasiado miedo como para venir.*

Avancé hacia la puerta de la casa de mis padres, pero antes de abrirla miré hacia el camino por última vez. A la distancia, pude divisar un grupo de personas que avanzaba hacia la casa. No eran unas pocas personas, sino decenas. La fila era cada vez más larga. En unos minutos, la casa se llenó de gente que tocaba sus guitarras y panderetas. La dulce fragancia de su música llenó el aire.

Pronto, nuestro patio estuvo lleno de gente del pueblo. No eran treinta, ni cincuenta como yo había esperado, sino que ¡eran cientos! Nunca había habido tanta gente en nuestro pequeño hogar. Venían de todos lados, y me decían sus nombres según llegaban. Había metodistas, pentecostales, luteranos, presbiterianos, católicos, gente de todos los credos y denominaciones, gente de todo nuestro pequeño pueblo de Las Piedras, que había venido a orar por mi madre. ¡Y no habían venido para una rápida visita, sino para luchar contra el diablo!

No pude contener las lágrimas al ver llegar a la gente que inundaba la casa de mi madre. Cuando ya no cabían, comenzaron a rodear el patio, y se tomaron de las manos. Un círculo de creyentes parecía tragarse nuestra casita. Alrededor de toda la casa, los creyentes imponían sus manos sobre la edificación, la ungían con aceite bendito, oraban por protección y liberación del mal. Mi padre no sabía qué hacer. Podía ver en sus ojos que se sentía muy incómodo, y el resto de mi familia se agrupó en un círculo apretado, callados y confundidos. Intimidados.

Podíamos sentir que el Espíritu de Dios sobrevolaba la casa, abrazando las habitaciones y a mi familia. El poder de su presencia era palpable.

Me abrí paso hasta la sala donde mi madre yacía sobre el sofá, y me detuve a unos dos metros de ella. Todavía puedo ver sus ojos asustados y confundidos mientras me miraba. Sabía quién era yo; me di cuenta por la ansiedad de su mirada.

Las ventanas estaban abiertas y entró una fresca ráfaga de viento del este, llenando la casa, las habitaciones y pasillos con su frescura. Era como si el Espíritu de Dios hubiera irrumpido a través de la ventana, limpiando la casa de maldad, uniéndose a nosotros en nuestra pelea contra el rey de las tinieblas. Todos lo sentimos. Todos supimos que el Espíritu de Dios había venido a estar entre nosotros, a mostrar su músculo, irradiar gracia y misericordia sobre esta casa del mal, abrir las puertas del infierno y liberar a los cautivos.

Observé que el pastor estaba de pie del otro lado de la sala, y me pidió que dijera algo. Intenté hablar, pero no pude pronunciar palabra. Las lágrimas rodaban por mis mejillas, y cerré los ojos, con el corazón lleno de emociones encontradas.

¿Qué digo? Quería orar, pero no me salía una palabra. Mi mente estaba atontada. Las lágrimas se hicieron más incontenibles mientras yo seguía de pie en silencio ante mi madre en una habitación llena de desconocidos. Deseaba desesperadamente que Dios obrara un milagro en el corazón de mi madre. Sabía que Él podía hacerlo. Él había obrado ese milagro en mi corazón, y en el de tantas otras personas que conocía.

En ese instante, Jesús le habló a mi corazón con una claridad que nunca antes había sentido. *Nicky*, dijo, *ésta es tu madre. Sé que no ha sido la madre que necesitabas. Conozco el dolor que sientes. Pero hoy es el día del perdón. Yo te perdoné, Nicky, y ahora debes perdonar a tu madre. Suéltala.*

De pie, sollozando, empapado por mis propias lágrimas, sentí de repente un tirón en la pierna de mis pantalones. Me asusté y abrí los ojos. Hasta el día de hoy, no se cómo mi madre pudo moverse desde el sofá y llegar hasta mis pies, pero al mirar hacia abajo vi su débil cuerpo en el suelo junto a mí. Apenas podía levantar los brazos, pero encontró fuerzas para extenderlos hacia mí. Sus ojos me rogaban que la tocase, que le hablara.

Caí de rodillas y me encontré cara a cara con mi madre. Ella seguía con los brazos extendidos hacia mí, y tenía los ojos llenos de lágrimas. "Nicky", dijo, "sé cuánto te he lastimado. Te he destruido. No tengo derecho a pedirte esto, pero si en tu corazón puedes perdonarme, por favor perdóname. Lamento tanto todo lo que te hice".

Traté de hablar, pero no pude. Mi madre nunca me había mirado de esa forma. Nunca había visto más que odio en sus ojos, y ahora me miraba con amor. No pude contener mis lágrimas. La miré a los ojos y ella dijo nuevamente: "Nicky, por favor, déjame besarte".

Me acerqué y mi madre me dio un beso en la mejilla. Sentí la tibieza y ternura de sus labios, labios que nunca antes habían tocado mi cara. No podía recordar una sola ocasión en que me hubiera besado. Balbuceé como un niño herido.

En ese instante, pude sentir que Dios tocaba mi corazón y se llevaba el dolor, el odio, la indiferencia. Por primera vez en mi vida, amé a mi madre. El miedo se había ido. El abismo que había entre nosotros se había cerrado para siempre. No sentía más que amor y perdón en mi corazón.

"Mamá", dije, "sabes que te perdono. Te amo".

Nuestros ojos se encontraron, y mi madre se derritió en mis brazos sollozando aún más. Durante una eternidad, permanecimos abrazados llorando. Luego le dije: "Mamá, entrégale tu corazón a Jesús. Él es quien quiere perdonarte. Acepta el amor de Jesús, mamá. ¡Necesitas a Jesús!"

Y allí en el suelo, llorando en mis brazos, mi madre aceptó a Jesús en su corazón. Oré con ella y le pedí a Dios que la perdonara por una vida de odio y pecado. Con mis propios ojos, vi que el Espíritu de Dios descendía sobre ella. Mientras oraba podía sentir que sus huesos se fortalecían. Sus ojos se aclararon como nunca antes. Se puso de pie delante de mí, débil todavía, pero capaz de sostenerse en pie, pensar y hablar con claridad por primera vez en meses.

Frente a la multitud y a mi familia Dios no sólo perdonó a mi madre, sino que la sanó. Aunque los doctores decían que probablemente no pasaría la noche, se hizo más fuerte ante nuestra vista. Todos aplaudían, oraban, se regocijaban ante el milagro del que habíamos sido testigos. ¡La bruja de Las Piedras era ahora una hija de Dios!

Una maldición rota

Mi madre vivió otros veinticinco años y siete meses, y permaneció fiel a Dios hasta el día de su muerte. En ese tiempo, pudo llevar a mi padre a Jesús. Él renunció a la brujería y entregó su corazón a Dios. Centenares de personas en toda la isla se asombraron ante la fe de mi madre. Desarrolló pasión por Jesús, y su fe se hizo tan fuerte y real como la de cualquier otra persona que yo haya conocido.

Durante esos años, nos acercamos mucho más de lo que hubiera podido imaginar. Nunca volví a sentir más que amor por mi madre, y ella sentía lo mismo por mí. Finalmente, pude conocer realmente quién era mi madre, no la madre fría y distante que recordaba en mi pasado, sino la que era en verdad en su corazón.

Dios comenzó a revelarme el dolor y la confusión que ella había vivido durante todos esos años. Lo intimidada que se había sentido por mi padre, un hombre fuerte y severo atrapado en las malvadas garras de Satanás. De joven, la había tentado a entrar en una vida de brujería, hechicería y todo lo relacionado con esto, y ella había pasado muchos años esclavizada junto a él. Siempre me pareció irónico que fuera ella quien luego liberó a mi padre de la vida a la que él la había conducido y que fuera ella quien le presentó a Jesús.

Mi madre se encontraba totalmente abrumada por la tarea de criar a tantos hijos, intentando mantener un hogar unido. Quería ser una buena madre y buena esposa, pero no sabía cómo hacerlo. Se había casado joven, y él la introdujo a un mundo del que no conocía nada, un mundo de ocultismo, brujería y magia negra. Un mundo que pronto la consumió.

Pero Dios entró y se llevó todo eso. Nos devolvió los años que habíamos perdido por culpa de Satanás. Redimió los días del mal y restauró a nuestra familia para siempre. Hoy, mi única hermana y trece de mis hermanos le sirven a Jesús. Tres de ellos son ministros del evangelio. Mi familia se ha plantado firmemente en el Árbol de la Vida para siempre. Ya no nos persigue la maldición de las tinieblas. Satanás ya no tiene poder sobre la familia Cruz. Antes le servíamos, pero ahora lo despreciamos. ¡Somos eternamente libres! ¡Y cada uno de nosotros busca a Jesús con pasión incansable!

Lo que experimenté en mi familia es un milagro que excede lo que yo esperaba cuando entregué mi corazón a Jesús. Jamás imaginé que Él podría tomar mi pasado y borrarlo, rompiendo la maldición que nos había oprimido durante tanto tiempo. Hizo por nosotros lo que sólo Dios puede hacer. Lo que ha hecho por tantos a lo largo de los años. Se llevó el dolor y, en su lugar, trajo amor. Se llevó la ira y la cambió por el perdón.

Estos corazones que antes lo maldecían ahora arden con santa pasión por su amor. Los niños que crecieron sufriendo abusos y dolor ahora albergan solamente misericordia y compasión por los demás. Los esclavos que antes se inclinaban ante Satanás ahora viven bajo un glorioso nuevo pacto con Dios.

Un corazón con propósito

Así obra Dios cuando redime a la gente para Él. Hace mucho más que salvarnos: nos *restaura*. Lo que Satanás ha robado Dios lo devuelve. El tiempo que hemos perdido con el pecado Dios lo recupera a través del amor. Las heridas que el mundo infligió sanan por medio de su maravillosa gracia.

Éste es el Jesús a quien adoramos: ¡el Salvador que murió para que pudiésemos vivir!

Éste es el mensaje que traemos a un mundo todavía esclavizado por el pecado.

Éste es el único testimonio que vale la pena contar, ¡lo único que realmente importa!

¿Cómo no gritarlo desde las azoteas? ¿Cómo podríamos caer en momentos de apatía después de todo lo que Dios ha hecho por nosotros? ¿Cómo no vivir sin desbordarnos de pasión y celo, sabiendo lo que sabemos? ¿Cómo no vivir entendiendo lo que entendemos sobre Satanás y sus mentiras? ¿Cómo no vivir después de experimentar el perdón incondicional de Jesús?

¿Cómo alguien se puede quedar callado?

¡Desde el día en que Jesús entró en mi corazón, la obsesión de mi vida ha sido salvar almas perdidas! En ese momento, Jesús grabó con fuego en mi corazón una obsesión del alma: una pasión ardiente por quienes necesitan un Salvador. Es un fuego que nunca se ha apagado, nunca se ha cansado, nunca ha dejado de arder. Es la sangre que corre por mis venas; lo que me impulsa día tras día, mes tras mes, año tras año en gloria. Mi corazón estalla con el mensaje del amor y fidelidad de Dios, ¡y lo único que quiero es compartir esa verdad con otros!

Alguien me preguntó una vez: "¿Cuál es el mayor milagro que hayas visto?" No tuve que pensar para responderle: "Cuando Dios llega a un corazón lleno de pecado y lo reemplaza por amor, ése es el mayor milagro de Dios". Lo veo ocurrir todos los días, y cada vez es tan real y poderoso como el día que yo mismo lo experimenté.

La gente necesita a Jesús, y Dios quiere que tú y yo la guiemos hacia Él. Somos los embajadores del Espíritu Santo, que vivimos y trabajamos en el patio de recreo de Satanás, y estamos rodeados de niños perdidos y sufrientes, que anhelan encontrar el camino a casa. No hay nada más grande que tomar de la mano a un niño y llevarlo a los brazos de Jesús. ¡Nada se puede comparar con esto!

Listos para servir

¿Qué hace falta para hacer esto? ¿Qué quiere Dios que hagamos y seamos para que pueda usarnos para alcanzar a un mundo perdido?

Estoy convencido de que antes de que cualquier seguidor de Cristo pueda causar un impacto en serio en la humanidad, ha de mostrar tres cualidades esenciales de servicio. Tres rasgos característicos que no sólo le permiten a Dios obrar a través de nosotros, sino que sirven como pararrayos para las almas que necesitan la salvación.

El primero es la *pasión*. Pasión por Jesús y por quienes lo necesitan. Una pasión que va más allá de lo que acostumbran ver la iglesia y el mundo, más allá del mero entusiasmo, y entrando en el plano del fanatismo.

El segundo es la *misericordia*. El corazón misericordioso es un ingrediente crítico en la vida de un seguidor. Si no sabemos ver a las personas como las ve Jesús, amarlas con el mismo amor que Jesús nos ha mostrado, servirles cómo les sirvió Él durante sus días sobre la tierra, ocuparnos de ellas con la misma compasión que motivó a Jesús a morir en la cruz... si no podemos desarrollar ese tipo de misericordia, jamás seremos capaces de alcanzar a un mundo perdido y agonizante.

El tercero es la *visión*. Cada uno de nosotros necesita hacer un pacto con Dios: tener asignada una misión, un propósito, reconocer claramente nuestros dones y talentos y nuestro verdadero llamado en el reino. Tú y yo fuimos creados para responder a una necesidad específica y realizar una tarea específica, y Dios nos ha estado preparando para cumplir la misión que Él nos había asignado desde antes de nuestro nacimiento. Pero pocas veces parecemos encontrar nuestro propósito. Pocas veces abrazamos la visión que Dios ha puesto ante nosotros.

Pasión. Misericordia. Visión.

Éstas son las tres cualidades que deberían ser ingredientes preestablecidos en la vida de todo seguidor. Son tres rasgos que todo creyente necesita para poder hacer un impacto serio en el mundo. ¡Tres elementos necesarios para desarrollar una obsesión del alma en lo profundo de tu corazón!

Sigue conmigo mientras exploramos cada uno de estos tres elementos con más profundidad.

Pero si desde allí buscares al SEÑOR tu Dios con todo
tu corazón y con toda tu alma, lo encontrarás.

DEUTERONOMIO 4:29

Y le dijo:
«Ven conmigo, para que veas el celo que tengo por el
SEÑOR.» Y lo llevó en su carro.

2 REYES 10:16

Ahora, pues, busquen al SEÑOR su Dios de todo
corazón y con toda el alma. Comiencen la
construcción del santuario de Dios el SEÑOR,
para que trasladen el arca del pacto y los utensilios
sagrados al templo que se construirá en su honor.

1 CRÓNICAS 22:19

No dejaban de reunirse en el templo ni un sólo día.
De casa en casa partían el pan y compartían la
comida con alegría y generosidad, alabando a Dios
y disfrutando de la estimación general del pueblo.
Y cada día el Señor añadía al grupo los que
iban siendo salvos.

HECHOS 2:46-47

Y esta esperanza no nos defrauda, porque Dios
ha derramado su amor en nuestro corazón por el
Espíritu Santo que nos ha dado.

ROMANOS 5:5

Porque Dios, que ordenó que la luz resplandeciera
en las tinieblas, hizo brillar su luz en nuestro corazón
para que conociéramos la gloria de Cristo que
resplandece en el rostro de Dios.

2 CORINTIOS 4:6

PARTE I: LA PASIÓN

CAPÍTULO 1

FE DESNUDA

Mucho antes de que yo pudiera entender el infinito amor de Dios, lo sentí. Aunque nunca pude asimilarlo del todo en mi mente ni comprenderlo con mi entendimiento, podía sentirlo en mi corazón. Todavía me cuesta definirlo aunque es tan real para mí como el aire que respiro y el agua que bebo.

Este romance comenzó el día en que acepté a Jesús en mi corazón a los diecinueve años, pero en realidad no se arraigó en mi espíritu hasta varios años más tarde. Y sucedió en el lugar más insólito.

Tenía entonces 27 años, y debía hablar en una cruzada en Alburquerque, Nuevo México. Como joven evangelista en las etapas iniciales de un nuevo ministerio de predicación, no estaba todavía acostumbrado a la soledad de andar por los caminos. Era tarde esa noche, y me alojaba en un pequeño motel, en una habitación bastante pobre que tenía una cama, una lámpara, y un diminuto cuarto de baño. Nada más.

Estaba orando, pidiendo a Dios que me diera las palabras necesarias para el sermón de la noche siguiente. Mi rutina habitual consistía en leer la Biblia durante un rato y luego pedir a Dios que me hablara a través de las palabras, que me diera algún tipo de guía y entendimiento. Por lo general, oraba y pedía que trajera a mi mente las cosas que necesitaba decir para ministrar mejor a las personas que asistían a mis cruzadas.

Aunque era joven y nuevo en el círculo evangelístico, Dios me estaba usando más poderosamente de lo que hubiese podido imaginar. Dondequiera que hablara oleadas de personas se acercaban a recibir a Jesús como su Salvador. Cada reunión demostraba ser más potente que las anteriores, y, en mi corazón, yo sabía que esto no tenía nada que ver conmigo. De hecho, mi acento era tan marcado que seguramente la mayoría de los que pasaban al frente no entendían ni la mitad de lo que decía. Pero se encontraban bajo la convicción del Espíritu Santo. Era claro que Dios se movía delante de mí. Solamente Dios podía hacer que tantos cayeran de rodillas arrepentidos. Nunca pensé que fuera por otra cosa.

Mientras oraba bajo la tenue luz de ese cuartito de hotel, repentinamente sentí la presencia de Dios con más poder que nunca. Al principio, no estaba seguro de lo que pasaba. Un sentimiento de amor e intimidad fue inundando mi espíritu. Sentí una cercanía con Dios que trascendía todo lo que hubiera experimentado jamás. Era como si Dios hubiese extendido sus brazos para abrazarme y acercar mi cabeza a su pecho. Casi podía sentir que me sostenía, que me sonreía y ponía su mano sobre mi corazón.

Comencé a sollozar, con suavidad primero y luego sin control. Su cercanía era más de lo que yo podía asimilar. En ese instante, reconocí mi completa y total dependencia de Él. Con ríos de lágrimas bañando mi rostro, entre sollozos, clamé: "Te amo, Dios. Eres mi Señor, mi Rey, mi poder, ¡mi única fuerza! ¡Sin Ti nada soy!".

Seguí llorando por lo que me pareció una eternidad, descansando en los brazos de Dios. Era como un niño en el regazo de su padre, y ahora más que nada en la vida quería ser abrazado, nutrido, amado como puede amar solamente un padre.

Nada más importaba. No había nada que se interpusiera entre nosotros. Todo era exactamente como debía ser.

Quería quedarme allí para siempre.

El comienzo de un romance

Durante mi caminar con Dios, Él ha usado momentos como éste para llegar hacia mí y acercarme a su amor, fortaleciendo mi corazón y mi vida, haciendo crecer el romance que comenzó en el momento en que le entregué mi corazón. Ese día en el cuarto de hotel fue solamente una de las muchas ocasiones en mi vida en que Dios me mostró cuánto lo necesitaba, y cuánto nos ama Él. He aprendido que siempre puedo depender de Él, que siempre está allí, aunque me parezca que no está. Y a veces, *especialmente* cuando me parece que no está.

Aprendí con los años a confiar totalmente en Dios con todo mi corazón y mi vida, a confiar en Él para mis relaciones, mi matrimonio, mis hijos, mi ministerio, mis finanzas, mi futuro. Y jamás me ha decepcionado. Nunca le he puesto sobre los hombros algo que Él no pudiera cargar. Jamás tuve un problema que Él no haya podido solucionar. Nunca hablé sin que me escuchara.

Recuerdo una vez, hace años, en que necesitaba a Dios desesperadamente. Nuestro ministerio todavía era pequeño y teníamos dificultades económicas. Siempre habíamos trabajado con un presupuesto muy escaso –y sigue siendo así– pero por alguna razón, había menos dinero que en cualquier otro momento. La gente no daba, y lo poco que teníamos de reserva se había acabado.

Solemos gastar en las cruzadas más de lo que recibimos como contribución. Y la mayoría de las veces tenemos que pagar la diferencia con nuestro limitado capital de operación. Cuando esto sucede, no cancelamos la cruzada, sino que confiamos en que Dios nos compensará la diferencia. Siempre lo ha hecho y sé que siempre lo hará.

En esa ocasión, acabábamos de terminar una cruzada grande y nos vimos obligados a vaciar nuestra cuenta para pagar la diferencia del costo del predio y otros gastos. Nos quedaban unos pocos cientos de dólares en el banco para pagar a los trabajadores y el alquiler, y algún que otro gasto que surgiera. Sucedió que esa semana tendríamos nuestra reunión anual de directorio. Sabía que debería discutir este problema con nuestra junta de directores.

Nos reunimos un viernes por la tarde e informé lo seria que era nuestra situación. Necesitábamos unos cuarenta y tres mil dólares para el lunes, para pagar el alquiler, los salarios y los gastos de electricidad del mes. Con eso, no nos quedaría dinero extra, pero al menos pasaríamos la crisis del momento. El personal ya estaba al tanto del problema, y muchos se preguntaban si el martes seguirían con su empleo. Me rompía el corazón ver cómo se preocupaban.

Algunos miembros de la junta sugirieron que enviáramos cartas de emergencia o que llamáramos por teléfono a los donantes más importantes para informarles de nuestra necesidad. Pensamos que quizá uno de ellos nos ayudaría. Otros sugirieron pedir un préstamo en el banco, pero pronto descartamos esa opción.

Después de varias horas de discusión les dije: "Si el Señor quiere que este ministerio sobreviva, nos ayudará en esto. No escribiré ninguna carta ni rogaré pidiendo dinero. Dios es el único a quien debemos ir. Él conoce nuestro problema y a Él se lo dejaremos. Si este ministerio es de Dios, Él nos dará lo que necesitamos".

La junta de directores estuvo de acuerdo, y pasamos el resto de la reunión orando antes de despedirnos por el fin de semana.

Esa noche, salí a cenar con los miembros de la junta e intenté dejar de pensar en el problema. No parecía poder sentirme en paz. Confiaba en Dios, pero también me sentía responsable del personal. No podía soportar la idea de despedirlos, decepcionar a tantos trabajadores leales, ver que se cerraba el ministerio y perder aquello por lo que habíamos trabajado tan duro.

No siempre comparto los problemas económicos con mi esposa, Gloria, pero esa noche le conté cuán desesperantes estaban las cosas. Había pensado en sacarle una segunda hipoteca a nuestra casa para pagarle al personal, y sabía que tenía que hacer partícipe a Gloria de esta situación. Quería prepararla para los tiempos difíciles que pudiera haber en nuestro futuro. Oramos juntos y me dijo que no me preocupara. Sabía que tenía razón, pero de todas maneras me sentía agonizar.

Pasé la mayor parte de esa noche orando, rogando a Dios que nos ayudara, que me ayudara a sentirme en paz y me diera una señal de que Él tenía el control de todo. Pero no sentí nada. Escuchaba, pero no oía la voz de Dios. Me pregunté si Él estaría enojado conmigo, si quizá nuestro ministerio había hecho algo que lo ofendiera, pero no se me ocurría nada. Le rogué que me permitiera percibir su presencia, que me diera un atisbo de confirmación, pero nada pasó. Oré que el lunes no llegara nunca. No podía soportar la idea de enfrentar a mi personal con tanta incertidumbre en este asunto.

Casi no dormí esa noche. Al día siguiente, intenté mostrarme animado, pero mi espíritu sentía profunda preocupación. *¿Por qué siento a Dios tan distante?*, pensé. *¿Dónde está? ¿Por qué no puedo encontrar paz?* Fue uno de los días más agónicos e introspectivos de mi vida.

UN RAYO DE SOL ENTRE LAS NUBES

El sábado por la noche después de cenar, estaba acostado en el sofá de la sala cuando sentí una profunda urgencia en mi espíritu. Dios me llamaba a orar. Quería que hablara a solas con Él. Sin decir nada, salté del sofá y corrí hacia nuestro dormitorio. Cerré la puerta y me senté al borde de la cama. Comencé a hablar con Dios.

"Dulce Jesús, Tú sabes que soy tuyo. Siempre me has sido fiel. Tengo una vida maravillosa. Me has dado a Gloria, la mejor esposa que pudiera tener un hombre. Me has dado cuatro hijos maravillosos.

Soy el hombre más bendecido sobre la tierra, y no hay nada que pueda hacer que olvide esa verdad. Sin embargo, en este momento estoy confundido, cansado y preocupado. Hay mucha incertidumbre en mi espíritu. No sé qué sucederá con el ministerio —*tu* ministerio— el cual me has confiado. ¿He hecho algo mal? ¿Tienes otros planes para mí? ¿Qué debo hacer, Señor?"

"Jesús, estoy ante ti sin nada más que una fe desnuda. Nada más. No sé qué hacer, pero confío completamente en ti. Muéstrame el camino, Señor, y prometo seguirlo."

Mientras derramaba mi alma ante Dios, pude sentir su presencia. Su paz llenó la habitación y envolvió mi espíritu. Comencé a llorar mientras su ternura me abrumaba. Casi podía sentir su corazón junto al mío. Escuché cómo Él hablaba en mi espíritu.

Nicky, dijo, *sé que estás atrapado por el miedo, pero nunca te he abandonado. Todavía no he terminado contigo. No has hecho nada mal. No sucederá nada con tu ministerio. Confía en mí.*

Durante la próxima hora, seguí llorando en los brazos de Jesús. Agradecí a Dios por su bondad, por darme esta sensación de paz, por decirme que todo saldría bien. Sabía que ya no tenía por qué preocuparme. Él estaría allí, conmigo, como siempre.

A partir de ese momento, mi actitud cambió por completo. Dejé de preocuparme. Dormí tan bien esa noche que salté de la cama temprano a la mañana siguiente y no podía esperar para ir a la iglesia y adorar a Dios. Gloria no podía creer el cambio en mi actitud. La preocupación se había esfumado. No tenía idea de cómo arreglaría Dios el problema. Solamente sabía que lo haría. No podía esperar al lunes para ver qué haría Dios.

ESPERANDO UN MILAGRO

Puedo recordar todavía la sensación de inquietud del personal cuando entré en la oficina el lunes por la mañana. Podía ver que habían pasado el fin de semana preocupados, y me esforcé por calmar sus temores. "No se preocupen, les dije. Dios nos ayudará. Ya lo verán."

No podía explicarles mi sensación de consuelo, pero no tenía dudas de que Dios solucionaría nuestro problema económico. No sabía cómo lo haría, pero sabía que así sería. Nunca habíamos recibido cuarenta y tres mil dólares en contribuciones en un sólo día, y todos estábamos al tanto de esto. La mayor parte de nuestro dinero provenía de pequeños donantes que no eran ricos, pero nos ayudaban con diez, veinte o cincuenta dólares cada vez que podían. Dios tendría que obrar un enorme milagro para que pudiéramos continuar con nuestra obra. Me sentía mal de que mi personal estuviera tan preocupado, pero mi espíritu estaba totalmente en paz.

El correo llegaba casi siempre al mediodía, pero ese día llegó tarde. Recuerdo que mi secretaria miraba por la ventana cada quince minutos, para ver si llegaba el cartero. Pasaron las dos de la tarde, y todavía no había llegado.

Justo antes de las tres de la tarde, mi secretaria entró en mi oficina, llorando. Había llegado el correo y habían abierto las cartas enseguida. Tenía dos cheques en la mano. Ambos de importantes donantes de quienes no habíamos oído en mucho tiempo. El total de los cheques era de cincuenta y siete mil dólares.

Cada uno de ambos sobres vino con una simple nota explicando que Dios había puesto en sus corazones el deseo de enviarnos un cheque.

Reuní al personal en mi oficina e hicimos una corta oración de agradecimiento a Dios por darnos tan maravilloso regalo. Nos había dado aún más de lo que necesitábamos.

Un Dios con agallas

Dios suele tomar nuestros momentos de más profunda confusión y duda y los usa para fortalecer nuestra confianza y dependencia de

Él. Toma nuestra semilla de fe y la convierte en una torre de convicción y confianza. Cuando estamos más perplejos es cuando más está Él al mando. En nuestros momentos de mayor debilidad, Él tiene más fuerza. Cuando lo necesitamos, él siempre está allí.

David Wilkerson, mi amigo y mentor, es testimonio vivo de esta verdad. Más que cualquier otro hombre que conozca, confía en Dios implícitamente. Nunca permite que la confusión, la duda o la opinión de los demás desvíen sus decisiones. Toda preocupación, toda pregunta, todo momento de preocupación es traído ante los pies de Jesús hasta oír una respuesta. Escucha a Dios, y nada más que a Dios. Por eso es que Dios lo ha usado con tal poder en su vida y ministerio.

David Wilkerson era tan sólo un predicador rural de Pensilvania cuando Dios le habló y le dijo que fuera a Nueva York y alcanzara a las gangas. Había estado viendo el noticiero que mostraba el flagelo de las pandillas en la zona urbana de la ciudad cuando Dios le habló a su espíritu y le dijo que fuera. Nadie podía imaginar que este predicador flacucho pudiera llegar a grupos tan rudos, y sin embargo él obedeció y fue.

Nunca olvidaré su valentía ante tal peligro. Estaba solo, en una esquina, y hablaba de Jesús sin nada más que una Biblia en la mano, mientras nosotros reíamos y nos burlábamos de él. Yo sólo tenía diecinueve años entonces y era uno de los líderes de los Mau Maus la pandilla más brutal y notoria de la ciudad. Ninguno de nosotros podía creer que este extraño hombrecito se atreviera a entrar en nuestro terreno para hablarnos de Dios. Cualquiera de nosotros podría haberlo cortado en pedazos sin pestañear. Estábamos convencidos de que estaba loco, que no tenía idea del peligro al que se enfrentaba, y que jamás habría venido de haber sabido lo poco que respetábamos la vida humana.

Pero estábamos equivocados. No sólo entendía el peligro, sino que le daba la bienvenida. No tenía miedo, ni preocupación, ni dudaba de que Dios le protegería. Dios lo había llamado para alcanzarnos a nosotros, así que vino y estuvo allí, a diez centímetros del infierno, y echó su línea de pescar en la orilla, riéndose del diablo a cada paso. Wilkerson confiaba en Dios completamente y nada de lo que hiciéramos le intimidaría.

Lo lastimamos, lo insultamos, lo humillamos, le gritamos a la cara, pero él siguió viniendo. El coraje de Wilkerson ante el peligro fue lo que me intrigó lo suficiente como para asistir a su servicio. Jamás hubiera puesto un pie en una iglesia si no hubiese estado tan fascinado por sus agallas, su total despreocupación por su propia seguridad. *¿Qué hace que un hombre haga algo así? ¿Qué tipo de Dios le da a alguien tal confianza, tal seguridad, tal coraje que se atreve a caminar en medio del infierno y mirar a los ojos al propio demonio? ¿Qué hacía que un flacucho predicador callejero creyera que podía entrar en nuestro terreno y decirnos qué creer?*

Tenía que saber, así que fui a su servicio. Y fue cuando Dios tomó mi corazón.

Allí, en medio del estadio Saint Nicholas, y frente a cientos de extraños y decenas de compañeros de pandilla, caí de rodillas ante el altar y me rendí. Lloré como un bebé frente a mis amigos. Grité para que Jesús me salvara, y Él lo hizo. Dejé de tratar de hacer las cosas por mi cuenta. Miré a David Wilkerson y vi el amor en sus ojos, la paz en su espíritu y la valentía en su corazón, y supe que quería lo que él tenía. Éste era un Dios al que podía adorar. Un Jesús con el que podía relacionarme.

Éste es el tipo de fe con el que quiero vivir ¡por el que estaría dispuesto a morir!

Vivir una fe desnuda

Mucha gente cree que mi pasión por Jesús viene de años de estudio, oración y ministerio. Se equivocan. Viene de ver a Dios junto a mí, ayudándome en esos tiempos en que la vida me dejó totalmente solo y expuesto. Viene de sentir la presencia de Dios en momentos de terrible confusión y desesperanza. Viene de ver la mano de Dios delante de mí, una y otra vez, frente a peligros inimaginables.

Cada vez que estoy frente a un endurecido pandillero adolescente, veo a Wilkerson predicando sin miedo en la esquina de mi calle. Cada vez que entro en un barrio infestado por la droga y el crimen, siento la misma fuerza que impulsó a Wilkerson a las calles de Nueva York hace ya tantos años. Cada vez que sostengo en los brazos un alma herida y perdida, siento la presencia y el poder de Dios.

Dependo solamente de Dios. Dios ha usado el dolor de mi pasado para llevarme a un nivel más profundo, más cerca de Él. Lo que Satanás designó para mal, Dios lo ha usado para su gloria. Todo gozo que recibo en la vida empalidece en comparación con el éxtasis de ver a Dios realizar lo imposible, ver cómo llega a un corazón en tinieblas para traer luz, cómo derrama su misericordia, como lluvia sobre los pecados de quienes necesitan perdón.

Es tan fácil intelectualizar a Dios, admitir su poder sin experimentarlo, creer en su supremacía sin siquiera llamarlo a hacer cosas poderosas en nuestra presencia. Lo vemos con la mente, pero no con el corazón. Jamás abrazamos el poder que predicamos ser verdad. Jamás llamamos a Dios para que se mueva poderosamente en nuestra presencia, ¡para que tome nuestro grano de fe y lo use para mover una montaña y echarla al fondo del mar!

La fe desnuda exige que de alguna manera aprendamos a casar la mente y el espíritu. Que dejemos de lado nuestro orgullo, nuestras dudas y temores y vayamos ante Dios, quebrantados y vacíos, sin más que una confianza inagotable y simple. Que cerremos los ojos y oídos a las voces que nos dicen qué puede hacer Dios y qué no, qué cree y qué no cree Dios, cómo obra y cómo no obra, y nos permitamos que Dios mismo nos lo muestre.

Dios quiere movernos más allá de nuestras dudas, aplastar nuestros temores, olvidar lo natural y pasar al mundo de lo sobrenatural. ¡Párate en esta verdad, cree en esta verdad, abraza esta verdad y verás milagros! No verás a Dios, pero lo sentirás. No puedes tocar su manto, pero puedes olerlo cuando pase delante de ti. No puedes tocar su rostro, pero sí puedes sentir su poder.

No puedes verlo con tu mente, pero sí con tu corazón.

Mi confianza suele ser ciega, pero nunca es irracional. Pocas veces tiene sentido, pero siempre obtiene resultados. No siempre puede ser explicada, pero siempre se siente correcta.

Si tuviera un mensaje para gritar desde las azoteas de cada iglesia del planeta sería el siguiente:

¡Dios es más grande que tu duda!

No importa lo mal que se vean las cosas, cuánto dolor sientas ni lo confundido o cansado que estés. Confía en Él. Él tomará tu fe desnuda, por pequeña que sea, y creará un milagro más grande de lo que hayas podido soñar o imaginar.

CAPÍTULO 2

PASIÓN ROBADA

Siempre he dudado de hablar mucho sobre mi padre. No sé muy bien por qué. Supongo que es porque me costó tanto entenderlo. Escribí más de quince libros, pero en ellos no hay casi nada acerca de él. La gente que conoce mi pasado sabe que era un embaucador, un brujo espiritista seguidor de lo oculto. He escrito que era un hombre severo, fuerte, autoritario. Sin embargo, la gente sabe muy poco de él, de sus muchas facetas personales, de su lado tierno, porque casi no he dedicado tiempo ni espacio a hablar o escribir sobre él.

Nunca llamé a mi padre Papá, Papito o Padre. Le decía Don Galo. Así lo llamábamos sus hijos. Era un término de respeto y admiración, el nombre que se da a alguien que uno admira, pero teme.

Mi padre era un hombre difícil de entender. Y los recuerdos que tengo suelen ser confusos e inconexos. Me crié con él y ni siquiera yo puedo entender del todo quién era realmente. Qué había en su mente, corazón y espíritu. Jamás me permitió acercarme lo suficiente para descubrirlo. Satanás lo mantenía a distancia, mantenía su mente confundida, y su corazón enterrado bajo una pila de mentiras, engaño y maldad.

LA SEDUCCIÓN DEL MAL

El poder que Satanás le dio a mi padre era innegable. Todos los que lo conocían se asombraban ante su capacidad de sanar o convocar fuerzas usando su magia negra. Era lo que más miedo me daba de él.

Uno de mis primeros recuerdos de esto todavía me persigue. No sé cuántos años tenía, sólo que era suficiente como para recordar el hecho.

Mi padre llegó a casa un día cansado, agotado de lo que fuera que había hecho. Ya no tenía fuerzas y caminaba muy despacio y agachado. Fue hacia el sofá y se acostó a descansar. Nos dijo que lo dejáramos a solas porque necesitaba dormir, y le obedecimos.

Durante todo el día, mi padre permaneció en ese sofá, tieso y sin señales de vida. No se dio vuelta ni una vez. Su cuerpo se veía rígido y pálido. Mi madre nos decía todo el tiempo que hiciéramos silencio al pasar por esa habitación y nosotros obedecíamos, más que nada porque teníamos miedo de lo que haría si lo despertábamos.

Estuvo allí acostado todo el día y toda la noche, y seguía rígido e inmóvil al otro día. En un momento, me pregunté si estaría vivo todavía. Nunca lo había visto dormir tan profundamente. Parecía estar casi como en coma.

Tarde durante esa noche, mi padre despertó súbitamente y sin motivo aparente. Se sentó en el sofá y miró hacia adelante durante varios minutos. Se puso en pie de un salto, lleno de energía. Estaba fresco y totalmente despierto. Lo recuerdo mirando a su alrededor y sonriendo, yendo y viniendo por la habitación como si estuviera lleno de un cúmulo de energía que estaba listo para explotarle del pecho. Fue bueno ver a mi padre tan feliz. Siempre parecía estar tenso y estresado, y ahora parecía un niño, vibrante y bien descansado. Pero algo en sus ojos me seguía asustando.

Entonces fue hacia un rincón de la habitación y apoyó las manos sobre las paredes de nuestra pequeña casa de madera. No puedo recordar cuántos de los chicos estábamos en la habitación, pero sí que mamá estaba allí entre varios de mis hermanos. Me quedé a un lado tratando de no llamar su atención.

"Quiero que vean esto", nos dijo mi padre. "¡Voy a sacudir esta casa!" Su voz era fuerte y confiada, casi desafiante.

De pie con las manos apoyadas en la casa, miró hacia arriba como si se estuviera concentrando, hasta podría estar orando. Y en ese momento, la casa comenzó a sacudirse; sólo un poco al principio, pero luego intensificándose con gran estruendo. Sentí que la tierra vibraba bajo mis pies. La casa se sacudió desde los cimientos. Durante varios segundos, permanecimos inmóviles, con miedo a movernos, sintiendo que nuestros cuerpos también temblaban. Entonces, todo terminó tan rápido como había comenzado.

Mi padre quitó las manos de la pared y miró a su alrededor, y nos miró uno por uno. No dijo nada. Simplemente nos miraba y sonreía. Mi madre se veía aterrada. Todavía puedo recordar y ver el terror de sus ojos cuando miró a mi padre. Hasta ella estaba asustada por su demostración de poder, esa inconfundible fuerza que fluía por las venas de mi padre.

A partir de ese momento, ni una sola vez dudé de la realidad de la brujería de mi padre, del poder que le daba. De la fuerza que podía tomar de sus espíritus extraños y elusivos.

JUGANDO CON EL PELIGRO

La gente se pregunta por qué me opongo tan firmemente a que los niños y adolescentes chapoteen en juegos o prácticas ocultistas. Los adolescentes piensan que son divertidos los juegos fantasiosos, como el de Calabozos y Dragones, donde fingen ser diferentes personajes y espíritus. Este tipo de juegos los alienta a invocar a estas entidades espirituales para obtener fuerza, poder y protección. Y los adolescentes, aún los adolescentes cristianos, juegan con esto como si fuera un pasatiempo inofensivo, como si fuera un dulce. Pero lo que estos niños están haciendo está lejos de ser inofensivo. Y me asombra que los padres les permitan jugarlos.

Si pudieran ver lo que yo vi, sentir lo que yo sentí, experimentar siquiera una muestra del miedo que viví cuando niño, nunca más tomarían tan livianamente estas artes mágicas. Sabrían lo peligrosas, reales y embriagadoras que son estas prácticas. Qué fácil es para Satanás usar esto para atraer vidas inocentes hacia su madriguera del mal.

Como espiritista, mi padre bebía de este poder, lo anhelaba, alardeaba de él y lo adoraba en su corazón. Y eso consumía su vida totalmente.

Por causa de esta influencia espiritual, mi padre era un hombre desconcertante. Se irritaba fácilmente y no sabía cómo controlar su ira. Era un disciplinador severo, pero solía excederse con su disciplina. Muchas veces nos golpeaba con furia, más por descargar su ira que para corregirnos. Hoy, esto se consideraría abuso infantil aunque para él era simplemente una manera de mantener a sus hijos en línea.

Cuando era niño, yo adoraba a mi padre, pero también le tenía mucho miedo. Lo amaba, pero odiaba su humor. Veía su ira tan frecuentemente, pero también veía que tenía un costado tierno. Un costado que muchos jamás llegaron a ver. Un costado que todavía me llena los ojos de lágrimas cuando pienso en mi niñez.

Mi padre era terriblemente duro, pero también podía ser vulnerable y amoroso. En algún lugar bien profundo, bajo las telarañas que había tejido Satanás en las paredes de su corazón, muy hondo bajo la ira, la hostilidad y el mal, en algún lugar debajo de todo eso mi padre era un buen hombre. Un hombre honorable. Un hombre amoroso y afectuoso. Un hombre que quería ser buen marido y buen padre. Un hombre que anhelaba encontrar a Dios aunque nunca supo cómo.

Odio a Satanás con cada fibra de mi ser por lo que les hizo a mis padres.

UN RECUERDO CONSOLADOR

Recuerdo un día en que iba por el camino que llevaba a la casa de mis padres. Tenía siete años, y me dirigía al centro de Las Piedras, a unos cinco minutos de mi casa. Estaba buscando a mi padre.

Lo encontré en un bar. Nunca fue un gran bebedor, pero disfrutaba un vaso de vino o cerveza de vez en cuando. Ese día, por alguna razón, estaba bebiendo ron. Miré por la ventana y lo vi vaciar el vaso de un sólo trago, y la escena me impactó.

Estaba con otros tres hombres conversando y bebiendo. Vi que se volvía hacia el hombre que estaba a su derecha y que con la mano indicaba algo así como: "Ya está; no te preocupes más." De alguna manera, supe lo que había sucedido entre ellos. Quizá el hombre lo había ofendido o habían discutido o algo peor. Y ahora mi padre le decía que el asunto estaba acabado. Olvidado. Ya no lo discutirían más.

Mientras lo observaba, noté que se tambaleaba. Inmediatamente supe que estaba ebrio y nunca había visto a mi padre ebrio. Nunca le había visto beber al punto de la ebriedad. Aún hoy tiemblo cuando recuerdo lo que vi.

La escena me asustó, me confundió. Quería entrar y estar con él, quitarle la botella de las manos, ponerla sobre la mesa y llevarlo a casa conmigo. Quería que dejara de beber y viniera a casa conmigo para ver a mamá. Pero no quería que se enojara así que me quedé allí mirando. Mirando mientras tomaba un trago tras otro con sus amigos.

Durante dos horas enteras, estuve allí mirando a mi padre por la ventana. Me sentía como un cachorro atado a un poste esperando que su amo venga y lo lleve a casa. Era una sensación de indefensión y desesperanza. De debilidad.

Finalmente, mi padre se puso de pie. Tropezó, cayó y se golpeó contra el bar. Trató de caminar, pero se caía todo el tiempo. Entré corriendo y me acerqué. Vi que se sorprendía al verme: "Deje que lo ayude, Don Galo, dije. Déjeme llevarlo a casa".

Puse su brazo poderoso y fuerte alrededor de mi cuello, y lo tomé por la cintura e hice un enorme esfuerzo por mantenerlo en pie. Era muy fuerte, grueso y pesado para llevar. Los músculos de su antebrazo me aplastaban la nuca mientras caminábamos. Trató de hablar, pero no entendí lo que decía. "Lo llevaré a casa, Don Galo. Apóyese en mí."

Con todas las fuerzas que pude reunir, lo saqué por la puerta del bar y bajamos los escalones hacia la calle. El camino a casa parecía muy largo, y mi padre se me hacía más pesado cada minuto. Pensé que no lo lograría, pero no podía detenerme. No podía dejarlo allí. No podía permitir que otras personas lo vieran en estas condiciones. Paso a paso, avanzamos penosamente hacia nuestro hogar. Yo lloraba mientras caminaba. En parte a causa del dolor, pero principalmente porque sentía vergüenza por mi padre. Detestaba verlo así. Y sabía, pese a mi corta edad, que le rompía el corazón que yo lo estuviera viendo.

En un momento, el peso de su cuerpo me venció y caí al suelo. Una de mis rodillas se golpeó contra las piedras del camino y la otra sobre unos cardos. La caída me causó cortes en varios lugares de la pierna. Lloré aún más.

Volví a reunir fuerzas para levantarme y dar unos pocos pasos con su enorme estructura todavía apoyada en mi pequeño cuerpo. Caímos nuevamente. Y otra vez. Y una vez más. Pero siempre volvía a ponerme de pie. Caímos muchas veces y en cada ocasión me cortaba y magullaba más. El dolor era tremendo, pero tenía que llevar a mi padre a casa. Llevarlo a su cama para que pudiese dormir su borrachera. Tenía que quitarlo de la vista de los chismosos del pueblo.

No sé cuánto tiempo tardamos en ir a casa, pero recuerdo que estaba totalmente agotado cuando llegamos. Tenía las piernas sucias de tierra y sangre. Me dolía mucho. Pero estábamos en casa, y mi padre estaba a salvo en su cama.

Al día siguiente, mi padre despertó completamente sobrio. Jamás lo vi tan arrepentido y avergonzado como cuando me vio esa mañana. Parecía un perro golpeado, acobardado, avergonzado. Me acarició las heridas de la pierna y me dijo: "Lo lamento, Nicky. Lamento que hayas tenido que hacer eso. Nunca volveré a emborracharme así. Lo prometo. Nunca volverás a verme en ese estado."

Y cumplió. Fue fiel a esa promesa.

REVELAR DE SU VERDADERO CORAZÓN

Este recuerdo sigue fresco en mi memoria por varias razones. Primero, porque sufrí tanto por mi padre. Sufría al verlo tan indefenso, avergonzado y débil. No es así como lo recuerdo, ni cómo quiero recordarlo. Porque él no era así.

En segundo lugar, porque me mostró un aspecto de mi padre que pocas veces podía ver. Un costado tierno. De arrepentimiento. Un costado preocupado. No solamente por las heridas y cortes, sino porque había tenido que verlo en una condición tan vulnerable y débil. Porque viviría con ese recuerdo durante el resto de mi vida. Y en lo profundo, pienso que temía que este recuerdo definiera cómo lo recordaría.

Pero eso no sucedió. Este recuerdo no define a mi padre para mí; lo explica. De alguna extraña manera, se ha convertido en una breve y pequeña vislumbre de su verdadero corazón. Algo así como un testimonio de lo que siempre quise creer sobre mi padre. Que en lo profundo —en los rincones de su alma— no era un poderoso brujo ni un tremendo hechicero, sino un niñito asustado y amable. Una persona honorable, vulnerable, afectuosa. Un hombre confundido y atrapado en un mundo tan seductor y maligno que no sabía cómo escapar de él.

El recuerdo es desagradable, pero lo atesoro. Porque en él está la verdad detrás de los ojos fríos y duros de mi padre.

AÑOS ROBADOS

Cuando mi padre dejó este mundo, se fue cantando alabanzas a Jesús. En sus últimos años, renunció a la brujería, renunció a Satanás y aceptó a Jesús como su Señor y Salvador. Mi madre lo trajo al Señor antes de su muerte, y ahora los dos están juntos en el cielo, danzando en las calles de oro, deleitándose en la gloria de Dios, disfrutando de su nuevo hogar eterno con Dios. Cuando cierro los ojos, casi puedo oírles gritar adorando a su nuevo Rey. Su Salvador. ¡Su glorioso Redentor!

Cuánto desearía que mi padre pudiera haber disfrutado de una vida así en la tierra. Daría cualquier cosa por haberlo visto adorar a Dios en la tierra tan apasionadamente como servía a Satanás. Habría sido un testigo muy eficaz, un poderoso evangelista, un tremendo predicador de la Palabra de Dios.

Todo lo que hacía lo hacía con pasión. Su fe habría sido real, fuerte e inclaudicable. Y habría realizado milagros muy grandes. Habría confiado en Dios totalmente, bebido de su Palabra y seguido dondequiera que lo llevara. ¡Su corazón habría ardido con obsesión del alma! Porque ése es el tipo de hombre que fue mi padre.

En lugar de acobardarse ante el diablo, habría pasado su vida luchando contra él, derrotándolo, hiriéndolo. Habría tenido un impacto tan grande sobre el mundo. Si tan sólo mi padre pudiera haber encontrado a Jesús cuando era joven.

No dejes que Satanás robe tu vida y tu corazón como robó la vida y el corazón de mi padre. No te dejes seducir por sus mentiras. No te dejes llevar por sus encantos ni permitas que te engañe con sus vacías promesas. Pon tu fe en Jesús. Entrega tu vida al que quiere levantarte y no derribarte. Al que te ama y se interesa por ti. Al que brinda verdadero poder y fuerza, y no sólo lastimosos trucos de salón.

Como hombre, mi padre fue capaz de sacudir su casa con el poder de Satanás. Pero con Dios podría haber hecho un terremoto que sacudiera los mismos cimientos del mundo.

No permitas que Satanás te robe como le robó a mi padre. No dejes que te ciegue a la verdad de la bondad de Dios. Deja que Jesús sea el poder de tus manos. ¡Pon tu confianza en un Dios extraordinario!

CAPÍTULO 3

FUEGO EN NORUEGA

La gente se sorprende cuando le hablo de la enorme población musulmana de Europa. La mayoría de los estadounidenses no saben lo rápido que está creciendo esta religión en otros países y cuántos jóvenes se están tragando la fe musulmana. Sin embargo, el problema es muy real, especialmente en la palestra europea.

En 2003, había más de dos millones de musulmanes en Gran Bretaña solamente, y se predice que pronto habrá más musulmanes que anglicanos. Los musulmanes están inmigrando en cantidades inauditas y tienen muchos hijos. Las mujeres inglesas se casan con hombres musulmanes y se convierten a su fe. Hoy, los musulmanes participan en el sistema educativo y tienen miembros en todos los niveles del gobierno. Han formado su propio partido político y hacen frecuentes exhibiciones en escuelas y lugares públicos. Los líderes musulmanes de Inglaterra no hacen un secreto de sus planes de tomar pronto a los EE.UU. para el islamismo, y están bastante cerca de lograr este objetivo.

Una de las iglesias más grandes de Inglaterra es una iglesia afroamericana que durante años ha estado intentando comprar terreno para expandirse, pero continuamente reciben la negativa del gobierno y las autoridades locales. Los musulmanes tienen control desde sus puestos de poder en la comunidad y tienen el deliberado propósito de perseguir a esta iglesia.

Lo peor es que han logrado crear un clima de miedo. No se acepta criticar al islamismo aunque el cristianismo está constantemente bajo fuego y es objeto de burlas desembozadas.

Fred Markeret, director de Youth With a Mission (Juventud con una Misión, YWAM, por sus siglas en inglés) en los EE.UU., suele decir que estamos en medio del tercer gran resurgimiento del islamismo y que Europa es considerada la primera línea de esta batalla. Es un paso muy bien planeado en su estrategia a largo plazo de tomar al mundo entero para el islamismo, incluyendo los EE.UU.

Algunos estudios revelan que hoy más de siete millones de musulmanes viven en Francia solamente. Para 2040, se predice que más del 55% de Europa será musulmana (y si esta tendencia se mantiene, para 2055 será el 75%). Y no olvidemos a los EE.UU. La población musulmana ha aumentado continuamente durante años, y hoy el islamismo es oficialmente la segunda religión en importancia, ¡aun por encima del judaísmo!

Una gran cantidad de familias islámicas del Oriente Medio envía a sus hijos a estudiar a Europa. Los hijos no solamente obtienen una buena educación, sino que sus padres saben que no serán influidos por el cristianismo. Los seguidores de Cristo en Europa no son una amenaza tan grande como deberían, y hay muchas mezquitas musulmanas a las que pueden asistir, más de dos mil solamente en el Reino Unido, muchas de las cuales eran bares, cines ¡e iglesias! Es por esto que en toda Europa hay tantas mezquitas, especialmente en regiones escandinavas.

Cuanto más estadísticas oímos, más nos alarmamos. Como creyente, es impactante ver cuánto terreno han podido ganar los musulmanes y lo rápido que siguen creciendo. Y lo hacen apuntando a la gente joven.

Los musulmanes entienden que hoy más de la mitad de la población del mundo tiene menos de 24 años, y capitalizan este hecho. Apuntan a la juventud porque la juventud es nuestro futuro. Y la juventud es un blanco fácil porque hay tantos que sienten que el cristianismo no los atrae. La fe cristiana es vista como una religión antigua, una parte del pasado, y muchos jóvenes rechazan sistemáticamente todo lo que se considere antiguo y pasado.

Por eso nuestro ministerio se enfoca tanto en alcanzar a la gente joven para Jesús. Conocemos el verdadero mensaje que Cristo trae al mundo y que no es antiguo ni desactualizado. Es real, relevante, y cambia vidas. Los musulmanes afirman que su religión trae santidad, moral y virtud, pero en cambio trae solamente opresión y fuerza. Sabemos que la santidad y la virtud no son características que se puedan forzar en las personas. Solamente el Espíritu Santo puede lograr tal transformación. Solamente Jesús puede cambiar tu corazón. Y solamente Dios puede salvarte. Éste es el mensaje que trajo Jesús, y es el mensaje que les llevamos a los jóvenes de todo el mundo.

No podemos detener la inundación de musulmanes que llegan a Europa y al mundo occidental. No podemos impedir que tengan bebés o que hagan proselitismo de su falsa religión. ¡Pero sí podemos responder a sus mentiras sobre la fe cristiana con la verdad! Podemos comenzar a dar una imagen verdadera de quién es Jesús y qué es lo que representa. Podemos traer la buena nueva como Dios quiere que la traigamos: no a través del miedo, sino a través del amor.

Podemos comenzar enfocándonos en los que han rechazado nuestro mensaje: la juventud. Esa mitad de la población del mundo que tiene menos de veinticuatro años: el grupo al cual los musulmanes han apuntado exitosamente con sus mentiras.

Estoy convencido de que ocurrirá un avivamiento y comenzará con la juventud del mundo. El Espíritu Santo ya se está moviendo entre los jóvenes de Latinoamérica y África, y el avivamiento continuará extendiéndose por todo el mundo.

Los jóvenes no quieren oír hablar de teología; quieren ver a Dios en acción. Dicen: "¡Quiero ver si Dios es quien dice ser!" Y Dios está respondiendo a sus gritos. Ven a Dios haciendo milagros porque saben en sus corazones que Él puede hacerlos. Resucita a los muertos, mueve montañas, y transforma vidas por su fe semejante a la de un niño.

Si hemos de reclamar a Europa para Jesús, sucederá a través de un avivamiento de la juventud porque la juventud representa el futuro de Europa. Démosles a Jesús, y ellos traerán a Jesús al mundo europeo. Como los jóvenes entienden el descaro de Satanás, ¡ellos atacarán con la audacia de Dios!

LLAMADO A NORUEGA

En el verano de 2002, Dios llamó a nuestro ministerio a planificar una misión evangelizadora en Noruega, en la ciudad de Oslo. En ese momento, nos sentimos confundidos por esa indicación del Espíritu porque yo jamás había considerado a esa región como parte de la visión de Dios para nuestro ministerio. He hablado en toda Europa y sabía lo grande que es la necesidad del evangelio, pero nunca había pensado en Oslo como objetivo principal o exclusivo de nuestro ministerio. Aún así, Dios fue muy claro y comenzamos a trabajar. Sólo más tarde pudimos entender por qué.

Durante nuestra obra de extensión a Noruega, hice una breve visita a Alemania y Austria. Mientras estuve allí, un ministro me preguntó por qué desperdiciaba mi tiempo en Noruega, un país con menos de cuatro millones y medio de habitantes. Pensó que debía usar mis energías en lugares donde la gente hablara inglés y español. Me ofendió su comentario, y le dije que yo iría dondequiera que Dios me llevara. Siempre pensé que era ser corto de vista y prejuicioso pasar por alto una nación por las barreras del idioma. Esta experiencia no hizo más que reconfirmar que Dios nos había llamado a Noruega.

Los europeos son personas calladas, reservadas, y les toma un tiempo sentirse cómodos como para compartir su fe con otras personas. Aman al Señor, pero tienden a sentirse incómodos con el proselitismo. En muchos círculos, se considera mala educación, algo socialmente inaceptable, hablar de su fe en público.

Les llevó mucho tiempo darse cuenta en Oslo que la Cruzada de Nicky Cruz no da importancia a los modales europeos. ¡Pedirnos que mantengamos nuestra fe en secreto es como pedirle al sol que no se levante por el este! Nos lanzamos con ganas a las calles e inmediatamente comenzamos a hacernos notar.

NUESTROS DOCE DISCÍPULOS

Nuestras cruzadas son sostenidas por un grupo de diez o doce jóvenes, músicos y bailarines que viajan con nosotros dondequiera que vayamos. Los llamamos nuestros Doce Discípulos (aunque el número varía). Son entrenados en nuestro Centro de Capacitación Evangelística TRUCE de Nueva York. El más joven tiene unos 17 años y el mayor, David, casi 30. David es el director de TRUCE y el centro de capacitación. Es un talentoso músico y un líder natural.

Estos jóvenes se cuentan entre los artistas más dotados con los que haya trabajado, y cada uno tiene el fuego del Señor ardiendo en su corazón, una inagotable obsesión del alma. Son los jóvenes más apasionados que se pueda encontrar; apasionados por Dios y agradecidos por lo que Él ha hecho en sus vidas. La mayoría proviene de hogares donde hubo abuso, abandono, drogas, hogares de ciudades del interior y de guetos de EE.UU.

Una de las chicas creció en una casa terriblemente disfuncional, una casa dividida por las drogas, el alcohol y el divorcio. Su padre abusaba de ella cuando niña, y de adolescentes intentó suicidarse, aunque gracias a Dios no lo logró. Vivió, y pronto encontró a Jesús. Esto cambió su futuro para siempre. Canta en nuestro coro y se ha convertido en una poderosa testigo de Jesús, dentro y fuera del escenario.

Otro joven viene de Brooklyn, de un hogar extremadamente pobre. De niño, nunca sabía si habría comida cuando despertaba por la mañana. Sus padres eran adictos que dejaban a sus hijos solos durante varios días. Sus relatos de abuso y negligencia te harían llorar, y ,sin embargo, hoy es uno de nuestros discípulos más potentes. Tendrá que buscar mucho para encontrar a alguien que testifique de Jesús con mayor valentía que él. Aunque es menudo y delgado, lo he visto enfrentar y vencer a algunos de los más peligrosos pandilleros de la calle. Se para frente a ellos sin miedo ni reservas, hablándoles de Jesús y el perdón que Él trae.

Deseo que puedas ver lo que yo vi en este puñado de niños provenientes del gueto. Dios ha tomado sus corazones y los usa con poder para sus propósitos. Cada vez que damos testimonio su fe, se fortalece todavía más.

EN LAS CALLES DE OSLO

A nuestros eventos callejeros los llamamos "Pisa y Corre". Desde el primer momento, fue claro que la gente de Oslo nunca había visto algo así. Llevábamos a nuestro grupo de Doce Discípulos y unos cuarenta a cien voluntarios del área, y armábamos un escenario en una esquina de la calle, con micrófonos y parlantes. La música comenzaba y los obreros se abrían en abanico por el barrio e invitaban a los residentes a asistir a nuestro concierto gratuito. En poco tiempo, había cientos de personas, la mayoría simplemente curiosos.

Los europeos están fascinados con la cultura hip-hop estadounidense, y la mayoría escucha habitualmente música rap en la radio, así que nuestro estilo de música pronto captó su atención. Pero la letra no era la que esperaban. Nuestros cantantes no cantan sobre las gangas, la droga y el sexo: cantan rap sobre Jesús y su salvación. Cada canción es un testimonio espiritual musicalizado.

Durante uno de nuestros alcances "Pisa y Corre" en Oslo, me fue a un lado y observé a varios cientos de europeos que se acercaban al escenario armado con tablas y mesas. La mayoría eran jóvenes, de aspecto agradable, cuidados, atléticos.

Observé a una joven pareja de pie en el perímetro del círculo, mirando desde cierta distancia. No hablaban. Escuchaban la música. Un obrero intentó hablarles, pero educadamente se negaron a escuchar y dieron unos pasos hacia atrás. Les dimos su lugar para ver qué sucedería. Luego de unos minutos, miré y vi que se habían ido. Deseé haber sido más valiente.

Sin embargo, unos quince minutos más tarde estaban de regreso. Volvieron a pararse al borde del círculo, casi en el mismo lugar de antes. Una de nuestras jóvenes se acercó a hablarles. "¿Puedo orar por ustedes?", preguntó.

"No, gracias, está bien", dijeron. "Solamente queremos mirar."

Ella insistió. "¿No estaban aquí hace un rato?"

"Sí", respondieron.

"Siento curiosidad… ¿por qué regresaron?", quiso saber.

El hombre respondió con timidez. "Porque aquí sentimos algo especial. Nos fuimos y ya no lo sentíamos, así que queríamos volver para ver qué era."

Lo que sentían es lo que todos sentimos cada vez que nos ubicamos en una esquina. Es la presencia de Dios. El poder del Espíritu Santo cerniéndose sobre el vecindario, ayudándonos, dándonos poder, atrayendo a la gente a Sí Mismo. Es algo que jamás hemos podido describir, pero que siempre pudimos sentir. Uno puede percibir la cercanía de Dios, saborearla, olerla, sentirla en los huesos.

Hay momentos en que deseo que Dios nos muestre lo que está sucediendo en el plano espiritual durante nuestros eventos "Pisa y Corre". Como Eliseo, querría pedirle a Dios que abra nuestros ojos y nos permita ver los caballos y carros en el cielo, los poderosos ángeles que nos guardan y protegen del mal, ayudándonos en nuestra hora de necesidad (ver 2 Reyes 6:17).

Esta batalla que peleamos a cada momento es muy real y palpable. A veces, casi puedo oír las espadas y lanzas en el plano espiritual cuando el ejército de Dios mantiene a raya al enemigo. Las fútiles tropas de Satanás no son contrincantes dignos para los ángeles de guerra que Dios trae a cada cruzada que organizamos. El poder que sentimos es muchas veces sobrecogedor, y siempre nos inspira.

Esto es lo que sentimos cuando llevamos el evangelio de Jesús a las calles. Lo que mantiene a nuestros jóvenes ardiendo por el Señor. Es el poder que vivimos una y otra vez, un poder que es imposible explicar adecuadamente con palabras.

Jesús y el reto del islam

El poder de Dios es una de las muchas diferencias entre nuestro Dios y el dios al que sirven los musulmanes.

A pocos días de nuestro ministerio en Noruega, fue claro por qué Dios nos había llamado a las calles de Oslo. No teníamos idea de la cantidad de musulmanes que encontraríamos en nuestra misión. Desde el primer día que nos instalamos en una esquina, los adolescentes musulmanes comenzaron a salir de quién sabe dónde. Se burlaban de nosotros, se reían, rezaban en contra de nosotros, nos perseguían e insultaban con insistencia. El odio de sus corazones era tan real como la ira que salía de sus labios.

"¿Qué están haciendo aquí?", nos preguntaban. "Su Dios es débil. No son bienvenidos aquí. Regresen a Estados Unidos." Gran parte de lo que decían no puede repetirse en público. Su desprecio era patente.

Sabíamos que sería inútil discutir, así que les dijimos a nuestros obreros que se abstuvieran de hacerlo. Los alenté a que simplemente respondieran con amor y dejaran que Dios hiciera el resto.

Recuerdo un evento callejero que atrajo a una decena de adolescentes musulmanes. Se pararon frente al escenario e intentaban interrumpir la música. Nuestro grupo siguió cantando, pero era difícil hacerlo por sobre el ruido y la conmoción. Después, algunos invitaron a los musulmanes a la cruzada final que haríamos en un estadio cercano. Los adolescentes musulmanes tiraron sus folletos al suelo y los pisotearon. Gritaban: "¡Los odiamos y odiamos a su Dios! ¡Vuélvanse a Estados Unidos, perros!".

Fue una confrontación brutal que podría haberse vuelto violenta, pero nuestros muchachos nunca retrocedieron. "Entiendo, dijo uno de nuestros jóvenes. Pero los amamos. Jesús también los ama."

No importa cuántas veces se irritaran e insultaran los musulmanes, nuestros adolescentes respondían con amabilidad y humildad. Y cada vez, eso diluía la situación por completo. Algunos adolescentes furiosos solían callarse o alejarse. Muchos querían oír lo que teníamos que decir sobre Jesús, y entonces les hablábamos. Hasta a mí me sorprendió que muchos eventualmente pidieran que oráramos con ellos. Era claro que Dios estaba obrando en su corazón.

Y muchos hicieron caso a ese llamado.

UN ALIADO INESPERADO

En una de nuestras primeras reuniones, observamos a un muchacho atlético y bien parecido, que permanecía cerca esperando ver qué pasaba. Su piel era oscura, y obviamente venía del Oriente Medio, y se veía que muchas de las personas de esa calle lo conocían.

Una de las pocas iglesias que se habían registrado para ayudarnos en la cruzada era una gran congregación luterana de los barrios bajos de la ciudad. Fueron de enorme ayuda, y hasta les permitieron a nuestros jóvenes alojarse en el edificio de su iglesia. Los obreros voluntarios que trajeron fueron invalorables para el éxito de nuestra campaña.

Esta iglesia tenía una especie de centro para la juventud en ese edificio. Era una construcción muy grande que ocupaba una manzana entera, y los chicos de la calle solían pasar tiempo en ese centro, jugando o tomando clases de baile en el verano. Este joven había estado yendo al centro para bailar, y sentía curiosidad por ver qué haríamos. Vimos que nos observaba todo el tiempo, y luego lo vimos aparecer en otros de nuestros eventos en la calle.

Durante una de nuestras cruzadas callejeras, comenzó a danzar al son de la música. Bailaba el "breakdance", y era muy talentoso. A la gente le gustó verlo. Pronto apareció actuando en casi todos los eventos. Nuestros jóvenes lo tomaron bajo sus alas e intentaron conocerlo mejor, pero se mostraba elusivo y distante. Lo único que logramos fue que nos dijera su nombre de pila.

Nuestros jóvenes me dijeron que el chico sostenía una verdadera lucha interna. Era callado, pero preguntaba muchas cosas. La gente de la calle lo consideraba un fiestero, al que le gustaba gastar su tiempo en bares y clubes nocturnos, y hasta quizá consumiendo drogas. Pero nuestro mensaje lo atraía y seguía viniendo. Oramos por él —y oramos con él— pero parecía no responder.

Hasta que un día, varias semanas después, se quebró y comenzó a llorar. Era la primera vez que mostraba emoción, y ahora no podía contener las lágrimas. Un grupo de nuestros jóvenes lo abrazó y oró con él, y aceptó a Jesús en su corazón. Fue una experiencia conmovedora, tanto para él como para nuestros obreros.

Después de esto, comenzó a traer a sus amigos a las reuniones callejeras varias veces por semana. Preguntó si podía comenzar a venir a nuestras actividades con nosotros, y aceptamos de buena gana. Se convirtió en uno de nuestros evangelistas callejeros más diligentes y permaneció con nosotros mientras estuvimos allí.

No fue sino después de terminar nuestra cruzada en Oslo que supimos quién era realmente. Era el hijo de un embajador de un país del Oriente Medio, uno de los líderes musulmanes más influyentes de la región. ¿Quién sabe qué impacto podrá tener en el mundo musulmán la conversión a Cristo de este joven? Estoy convencido de que Dios tiene grandes planes para este joven y su familia.

Dios viene a Oslo

En el comienzo de nuestra cruzada en Oslo, los encuentros callejeros atraían a unas 150 o 200 personas por noche. Pero cada vez venían más. Pronto, atraíamos a 300, luego a 400, y hasta 1,000 personas.

Como es usual, terminábamos nuestros conciertos callejeros repartiendo invitaciones a un gran evento final que se realizaría al terminar nuestra estadía en esa ciudad. En Noruega, este evento final se hizo en el Spektrum, la sede para conciertos más grande del país.

Más de cinco mil personas asistieron a la noche de nuestra cruzada final. El estadio estaba lleno. Y no eran todos cristianos; la gran mayoría eran escépticos que no asistían a la iglesia o cínicos endurecidos. Muchos eran musulmanes. Y me sorprendió ver a tantos seguidores del islam asistiendo a una reunión sobre Jesús. Solamente Dios pudo lograr que vinieran.

Algunos de los líderes cristianos de Noruega estaban muy entusiasmados con nuestros planes, pero otros eran aprensivos. Antes de que nuestro grupo saliera al escenario, algunos de los cristianos noruegos nos llevaron a un lado para conversar. Estaban preocupados por nuestros métodos. "Si hacen un llamado al altar, no esperen una gran respuesta como la obtienen en EE.UU.", nos dijo un hombre. "Aquí la gente no está habituada a esas cosas."

Escuchamos cortésmente sus consejos y luego les aseguramos que estábamos preparados para lo que el Señor decidiera hacer. Sabíamos que donde Dios interviene puede pasar cualquier cosa.

Cuando el Espíritu Santo toma el control uno nunca puede predecir qué hará.

Esa noche marcó una de las cruzadas más poderosas en que hayamos participado. El Espíritu de Dios estaba presente, con una potencia nunca vista antes. Hacia el fin de la reunión di mi testimonio, y luego invité a la gente a pasar al frente para aceptar a Jesús como su Salvador. Nadie estaba preparado para la respuesta que obtuvimos, al menos, no de este tipo de público.

Desde cada rincón del estadio, la gente inundó los pasillos para pasar al frente. Vinieron cientos, y muchos eran familias musulmanas. Lloraban y pedían oración, esperando aceptar a Jesús como su Salvador. Los cristianos de Noruega no podían creer lo que veían. Nunca habían visto tal expresión de emoción, no de europeos, y mucho menos de musulmanes.

Los hombres musulmanes casi nunca lloran ni muestran emoción, y, sin embargo, dondequiera que mirase veía a estos hombres trayendo a sus familias, con ríos de lágrimas en los ojos. Vinieron tantos que casi no había lugar para todos. No alcanzaban los obreros para orar por todos, así que oramos en grupos de diez o quince. Perdí la cuenta de la cantidad de familias con las que oré.

Recuerdo a una familia musulmana que se reunión en un círculo, a un lado, llorando abrazados. Oré con ellos y después el padre me abrazó y me besó la mejilla. Esto era inesperado de parte de un musulmán: mostrar emoción y afecto por un extranjero. Pero claro, nada en esta noche era típico o conocido. Cuando Dios trata con la gente, lo único que tú puedes hacer es agarrarte fuerte y tratar de seguirlo.

Un médico hindú también vino al frente con toda su familia. Oré con ellos y luego les presenté a un pastor noruego. Él los invitó a su iglesia, y el domingo siguiente fueron todos a adorar a Dios. Desde entonces, son miembros regulares y fieles de su congregación. Conozco desde hace años al pastor de esa iglesia. Una vez fue mi intérprete.

De las personas que vinieron al frente, pudimos tomar contacto con unos ochocientos que recibieron a Cristo, pero sabemos que muchos más respondieron. Al terminar la noche, nuestros obreros estaban exhaustos. Los europeos nos dijeron que nunca habían vivido algo igual. Dios estaba haciendo un gran trabajo en Noruega, y nos entusiasmaba ser parte de él.

Había reporteros de toda la región que cubrieron la noticia de nuestra cruzada y al día siguiente vimos que *Norway Today*, el periódico cristiano más importante del país, mostraba este titular en primera plana: "Dios visitó Oslo y las iglesias no lo vieron".

La historia informaba del evento, y decía que había sido una de las demostraciones de fe más poderosas de Noruega. Al leerlo por primera vez, vi con claridad por qué Dios nos había llamado a ir a Oslo.

ENCUENTRA TU FUEGO

Unos estudios recientes predicen que para el año 2020 el islamismo será la principal religión de Noruega y los países de Escandinavia. Si están en lo correcto, podemos esperar ver que se convierta en la religión oficial de Noruega en los próximos 15 o 20 años. Es lo que sucedió en todos los demás países donde los musulmanes lograron establecer un punto de apoyo.

Me entristece ver cuán débil es el impacto que los cristianos han estado haciendo en Europa. Hemos hecho de todo, pero sin lograr alcanzar efectivamente a los perdidos, no sólo en países europeos, sino también en los EE.UU. Oramos porque Dios expanda nuestro territorio, porque ayude al cuerpo de Cristo a crecer y florecer. Sin embargo, muy pocas denominaciones ven que ocurre esto. La mayoría se achica, y algunas directamente están muriendo.

¿Qué hace falta para que Dios por fin intervenga y logre la transformación que necesitamos, por la que oramos? ¿Cuándo, por fin, nos levantaremos para hacer verdaderamente mella en el punto de apoyo que Satanás tiene en el mundo?

La respuesta es tan sencilla que parece raro tener que decirla: ¡tenemos que confiar en que Dios obre grandes milagros! Debemos levantarnos juntos con corazones contritos y fe audaz, pidiéndole a Dios que nos convierta en guerreros poderosos para el Reino. Como los jóvenes que trabajan con nosotros –nuestros Doce Discípulos– debemos abrir nuestros corazones y vidas a Dios y dejar que nos instile su pasión por las almas, que desarrolle en nuestros corazones una obsesión por las almas. ¡Que nos quebrante y use, que nos dé poder para servirle!

Cuando vemos a esta pequeña banda de jóvenes, estos doce héroes increíbles, estos chicos lastimados, golpeados que no tienen mucho más que unas mudas de ropa y unos harapos encendidos de pasión en sus corazones, y usted ve que Dios los utiliza con tal poder en las líneas del frente de batalla, comienza a vislumbrar lo que Dios puede hacer con la más diminuta semilla de fe. De repente, ve qué fue lo que hizo que la iglesia primitiva explotara en multitudes, trayendo a miles a la fe, a partir de un puñado de discípulos. Uno entiende qué fue lo que atraía a la gente a su mensaje: el mensaje de Jesús.

Uno ve cuánto puede lograr Dios con tan poco.

CAPÍTULO 4

EL CALABOZO DE LA NADA

Créamoslo o no Satanás, tiene una misión. Una misión tan simple como clara. Y está decidido a cumplirla.

Está decidido a robarnos nuestra pasión.

Imagina lo efectivo que podrá ser si logra cumplir su cometido, esta única meta. Es la única cosa que desesperadamente necesita lograr. Si puede robarnos nuestra pasión, quitarnos nuestro entusiasmo por Jesús, impedir que pensemos en ganar almas y alcanzar al mundo para Cristo, podrá mantener intacto su dominio de la tierra. Él conoce esta verdad y trabaja con ahínco para ver que se cumpla.

Y está teniendo éxito en muchos aspectos.

La vida dentro del calabozo

Pocos entienden como yo lo que significa vivir una vida de desesperanza y desesperación, una vida que no tiene siquiera un atisbo de pasión. Una vida sin Jesús. Los primeros diecinueve años de mi vida fueron un infierno en vida. Satanás me tenía tan atado, tan ciego, tan perdido que cada momento era sencillamente una nueva lucha por sobrevivir. Vivía como un animal en las calles. No amaba a nadie, no quería a nadie, y solamente me importaban los que pudieran ayudarme a sobrevivir un día más.

Mi existencia tenía el significado que tiene la vida de una cucaracha en un rincón oscuro. Hasta el día de hoy, no estoy seguro de por qué no me suicidé a temprana edad. Antes de encontrar a Jesús no tenía motivo para vivir, no había razón para que siguiera respirando. No tenía razón para existir.

Recuerdo que una vez me escondí en un rincón detrás de un edificio en los guetos de Nueva York. Tenía diecinueve años entonces, y era el caudillo de los Mau Maus, la ganga más peligrosa de la ciudad. Eran las tres de la madrugada y estaba acechando a un hombre que vestía un traje caro, un hombre que parecía estar pidiendo que lo asaltara.

Le había visto ya por ahí varias veces. Como muchos casados jóvenes, había venido a nuestro territorio para engañar a su esposa. Las prostitutas de Brooklyn eran baratas, y rápidas, y no dejaban ataduras emocionales. *Es solamente un asqueroso rico,* pensé. *Se merece lo que le pueda pasar.* Calculé que un hombre tan estúpido como para salir a la jungla desarmado debería saber que lo lastimarían. Así que planeaba robar su dinero y escapar.

Otros dos miembros de mi pandilla, Tico y Héctor, estaban conmigo. Se agacharon junto a mí, esperando la orden de atacar. El hombre dio vuelta a la esquina y enfiló en nuestra dirección, y en el momento justo grité y salté sobre él. Le pegamos, le rompimos la nariz y descolocamos la mandíbula. Todavía puedo oír cómo gritaba: "Por favor, no me lastimen", una y otra vez. Pero sus gritos no nos importaban. No tenía yo sentido de la moral, ni un atisbo de conciencia en mí. Él tenía dinero y yo lo quería, y eso era lo único que importaba.

Tico y Héctor lo sujetaron, pero no nos daba su billetera. Seguíamos pegándole, y él seguía gritando pidiendo auxilio, pero no cooperaba. Le dijimos que cerrara la boca, pero gritaba más y más, y cada vez más fuerte. Supe que tenía que hacer que se callara, así que saqué mi revólver y apunté a su cabeza.

"Cállate", grité. "Cállate o te mato." Una y otra vez lo insulté y amenacé, pero seguía gritando.

"Mátalo, Nicky", gritaban mis muchachos. "Mátalo antes de que llegue la policía."

Me acerqué y puse el caño de mi revólver sobre su frente para llamarle la atención. El hombre seguía gritando. "Hablo en serio", maldije. "Cállate ahora mismo o te mato."

El hombre seguía gritando como un poseído. Así que halé el gatillo.

Clic. La bala no salió. Levanté el revólver para mirarlo, y volví a apoyarlo en su frente. Volví a halar el gatillo.

Clic. La bala no salió. Una y otra vez, halé el gatillo. *Clic, clic, clic...* Seis veces tiré, y seis veces fallé, aunque yo sabía que el arma estaba cargada y que funcionaba bien. Mis chicos se enojaron aún más. El hombre me miraba con terror en los ojos. No podía creer que todavía estuviera vivo.

Metí la mano en su bolsillo, tomé una billetera gorda y le pegué en la cara con la culata del revólver. Puse su billetera en mi bolsillo y volví a golpearlo. Lo dejamos sangrando allí en la calle.

Corrimos por un callejón, cruzamos la calle y corrimos por otro callejón. Estábamos seguros de que nadie nos había visto, pero de repente, desde una esquina, un patrullero de la policía paró en seco con un chirrido. Dos uniformes azules saltaron del auto y comenzaron a correr tras nosotros.

Instintivamente, nos separamos y corrimos por callejones distintos. Volaba tan rápido como me lo permitían mis pies, saltando una cerca, dando vuelta a una esquina, por una escalera de incendio, cruzando una terraza, de vuelta a la calle. Mi chaqueta me impedía correr, así que me la quité y la eché en un bote de basura al pasar. Ahora podía correr más rápido.

Dejé atrás a los policías. Cuando supe que los había perdido, corrí hasta mi edificio, subí las escaleras y entré en mi roñoso apartamento de una sola habitación.

Me senté en el borde de la cama y recuperé el aliento. De mis dedos, chorreaba sudor y sangre al suelo. Ya no tenía el arma… ¡ni la billetera! ¿Mi chaqueta?

De repente, recordé que había puesto el revólver y la billetera en mi chaqueta, la chaqueta que había echado en el bote de basura. Maldije una vez más y luego fui al baño a lavarme.

Allí, sobre el lavabo, lavándome la sangre, la mugre y el sudor del rostro y las manos, el cabello y las uñas, sentí un escalofrío. Temblé de terror. *¿Qué hice? ¿En qué me convertí? ¿Es esto lo que soy? ¿Un ladrón? ¿Un asesino? ¿Un animal de las calles?*

El horror de lo sucedido me dejó en un mar de preguntas y desconcierto. Había hecho muchas cosas horribles en mi vida, cosas que nadie debería hacer y, sin embargo, por alguna razón esta vez me sentía diferente. Esta vez casi había matado a un hombre con las manos. Esta vez había caído en las profundidades de la depravación. No…mucho peor. Había caído en las profundidades del mismo infierno.

El patio de recreo de Satanás

Hasta hoy no entiendo qué impidió que se disparara mi revólver, pero sí sé que Dios fue quien lo detuvo. Él no tenía por qué protegerme. Yo no había hecho nada para merecer tal regalo. Fácilmente pude haber matado a ese hombre, para pasar el resto de mi vida en la cárcel, como tantos otros en mi situación. De hecho, probablemente lo merecía. Pero Dios tenía otros planes para mí. Intervino por una razón, y toda mi vida le voy a estar agradecido por ese momento.

Esto pasó unos meses antes de mi conversión. Pocos meses antes de que entregara mi corazón a Jesús y mi vida a Dios para siempre. Pocos meses antes de que por fin encontrara algo por lo que vale la pena vivir.

Hay una oscuridad tan hueca, profunda y sin esperanza que lenta, agónicamente asfixia a todo el que envuelve. Es una oscuridad que no conoce significado, una desesperante prisión sin vida. Atrapa a sus víctimas y les aprieta el cuello mientras ríe, se burla y lentamente chupa la vida de sus venas.

Muchos se han encontrado atrapados en sus garras. Muchos viven día tras día en este calabozo de la nada.

Suelen preguntarme por qué creo que Satanás tiene tal fortaleza en los barrios bajos de la ciudad. En mis entrañas conozco la respuesta, pero me cuesta explicarlo con palabras. A menos que hayas vivido en esa desesperanza, jamás lograrás comprenderla.

Hay un nombre para la fortaleza de Satanás en el gueto: es *pobreza*.

La pobreza puede llevar a la gente a hacer cosas desesperadas, cosas que de otro modo jamás considerarían. Puede crear un sentido de soledad y desesperación como ninguna otra cosa. La sensación de que a nadie le importas, ni siquiera a los que tienes más cerca. La sensación de que la vida te ha abandonado, te ha pasado por alto, te ha dejado por muerto en una alcantarilla sucia y pestilente. La sensación de que estás solo en el mundo y eres totalmente invisible para quienes pasan junto a ti.

Antes de que Jesús me salvara de este calabozo de la nada, vivía en un sucio, diminuto apartamento de una sola habitación en el sector más pobre de Brooklyn. No tenía ninguna preparación, ni esperanza de conseguir un empleo decente, ni esperanza de una mejor educación. Pagaba una renta de quince dólares a la semana, y a veces ni siquiera lograba reunir ese dinero. Tenía que robar, chantajear, trampear cada día solamente para poder comer. Era imposible que sobrase algo para pagar la renta que me asegurara el techo por otra semana.

Una vez mi amigo Carlos, el presidente de nuestra pandilla, me preguntó: "Nicky ¿de qué vives?" Evité contestarle, haciendo una broma estúpida, porque me avergonzaba decirle que era un escarbador de basura. Hasta Carlos tenía una forma de ganar dinero, pero yo era un apenas un animal. Lo que hacía en privado, lejos de la pandilla, era aún más peligroso que lo que hacía con ellos. En la ganga, robábamos para drogas y alcohol, pero la mayor parte del tiempo estábamos ocupados en proteger nuestro territorio. Estábamos borrachos de poder y prejuicio. Al fin del día, volvía a mi casa con el estómago gruñendo de hambre, y los bolsillos completamente vacíos.

La pobreza crea en ti una actitud como ninguna otra cosa. Es una actitud de gueto, una mentalidad que dice: *No es justo que tú tengas dinero si yo no tengo y siento hambre. No es justo que comas mientras yo me muero de hambre.* Comienzas a mirar a los demás como simples medios para obtener lo que quieres. Si no tienes dinero y ellos sí tienen, crees que tienes derecho a quitárselo. Y ellos no tienen derecho a impedírtelo.

Esta es la mentira que Satanás usa para mantener su fortaleza en las zonas urbanas deprimidas. Alcanza un corazón solitario y oscuro, y comienza a darle vueltas, a manipularlo hasta que pierdes toda noción de la realidad. Pierdes de vista la verdad. Pierdes todo sentido del bien y el mal.

Y si puede mantenerte allí, seguir alimentándote con mentiras, mantenerte siempre ciego a la verdad, su fortaleza estará segura.

LIBERAR A LOS CAUTIVOS

La guerra contra el mal debe verse, ante todo, como una guerra contra la pobreza. Debería ser una misión borrar por completo la desesperación del hambre y el miedo y la desesperanza que llena los rincones más pobres del mundo. Liberar cada una de las almas cautivas en la trampa de la soledad y el aislamiento. Quitar la pobreza que le da a Satanás tanta fuerza, tanto poder y efectividad en los guetos de nuestra cultura. "El ayuno que he escogido", dijo Dios a través de su profeta Isaías, "¿no es más bien romper las cadenas de injusticia y desatar las correas del yugo, poner en libertad a los oprimidos y romper toda atadura? ¿No es acaso el ayuno compartir tu pan con el hambriento y dar refugio a los pobres sin techo, vestir al desnudo y no dejar de lado a tus semejantes?" (ver Isaías 58:6-7).

¿Cómo podemos seguir cómodamente sentados y apáticos cuando la pobreza es un flagelo tan grande, y cuando Dios nos dice con tanta claridad lo que espera que hagamos al respecto? ¿Qué hace falta para que la iglesia por fin se levante y diga, a una sola voz: "¡Ya no permitiremos que esto siga pasando!"? ¿Cuánto tiempo más pasará antes de que abramos los ojos y veamos las masas que siguen atrapadas en las cadenas de la esclavitud, las masas esclavizadas por Satanás y cegadas por la desesperación de la pobreza?

Que lo hayamos permitido durante tanto tiempo es la mayor de todas las tragedias humanas.

Muchos cristianos jamás experimentaron vivir en este calabozo de la nada. No tienen idea de lo oscuro y solitario que puede ser, ni de cuán desesperado se siente uno en las garras de la desesperanza. Miran los barrios bajos de la ciudad y se preguntan por qué la gente hace lo que hace, por qué se queda allí, cómo pueden ser tan estúpidos. Ven algo que no entienden.

Cuando yo veo estas zonas urbanas deprimidas, me veo a mí mismo. Veo dónde estaría si no hubiera sido salvado por Jesús, si nunca hubiera encontrado una esperanza más grande que mi desesperación, si nunca hubiera abierto los ojos a las mentiras de Satanás. Veo la oscuridad que me mantenía cautivo, y lo único que puedo pensar es en volver allí para encender una vela y mostrarles a otros la salida.

Si nunca has sentido el gozo y la satisfacción de hacer a un cautivo libre de la esclavitud, de llegar a la oscuridad y encender una vela de verdad, de sostener un alma ciega en tus brazos mientras ve por primera vez la luz, te ruego que hoy comiences a trabajar para lograrlo. Comienza a buscar maneras de cortar las cadenas de la pobreza y la injusticia. Comienza a romper el yugo, dentro de tu esfera de influencia. Comienza a compartir tu comida con el hambriento, a dar refugio a los desamparados, a vestir al pobre y al desnudo.

Y mientras lo haces, háblales de Jesús. Háblales de la cruz y el perdón que trae Jesús. Ayúdales a abrir los ojos a la verdad.

Muéstrales que hay vida fuera del calabozo de la nada.

CAPÍTULO 5

LA COBARDÍA DE SATANÁS

Hay una verdad respecto a EE.UU. que dudo en mencionar. Me arriesgo a ofender a muchos de mis buenos amigos al decirlo. Pero cuando pensamos en la pobreza de EE.UU., lo que nos viene a la mente es la gente de color, mayormente afroamericanos y latinos. Pensamos que nuestro país es un mundo de blancos y descontamos a todos los que no lo son.

Llamamos "cubo de basura" al gueto, y al mismo tiempo lo identificamos con las minorías. ¿Qué les dice esto a las personas de color? ¿Qué les dice a los que se ven obligados a vivir en las zonas urbanas deprimidas, sobre cómo los ve el resto del mundo? ¿Cómo los hace sentir esto?

Una de las cosas que me impactó durante nuestro alcance a Oslo fue cuán pocas minorías vimos y, sin embargo, la desesperanza reinaba a través del país. Las drogas son cosa tan corriente que se ven veintenas de personas caminando como en una nube, confusos e indefensos. Vi personas muy bellas con cabello rubio y ojos azules, y vestidos con buena ropa, completamente esclavizados por

Satanás. Las drogas habían arrasado sus mentes y cuerpos de tal modo que parecían casi sin vida. Como si les hubieran chupado el gozo de sus vidas con una gigantesca aspiradora. Me hizo recordar que los guetos tienen todo tipo de formas. Esta guerra contra Satanás no es una batalla entre colores; es una batalla por las almas.

Es cierto que los guetos y zonas urbanas deprimidas de EE.UU. son rincones de desesperación y violencia, y que muchos de sus habitantes pertenecen a las minorías. La sangre corre en las calles de los guetos como agua. Pero esa sangre es roja, como la tuya y la mía. Cuando sangra un afroamericano, su sangre es roja, no negra. Y cuando se corta un latino, su sangre no es marrón, sino roja. Cuando sangra un anglosajón, su sangre es roja y no blanca. Por dentro, todos somos iguales ¡Somos carne, huesos, sangre y corazón! Somos hermanos y hermanas por ser humanos, todos iguales a los ojos de Dios.

Y hasta que no veamos esa verdad, dejando de lado nuestras impresiones de prejuicios y desigualdad, no podremos combatir efectivamente las mentiras de Satanás. Las mentiras que les dicen a otros: "Eres basura porque eres pobre". La única basura es el mal, y allí es donde hay que pelear la batalla.

La guerra en el Bronx

Sigo teniendo frescos en mi mente los rostros de desesperanza que vi en el corazón del Bronx el verano pasado. Rostros de todos los colores, formas y edades. Hermosos niños y niñas, hombre y mujeres, negros, blancos, hispanos, asiáticos. Había tantos que estaban perdidos. Tantos que necesitaban a Jesús.

Estábamos en las etapas finales de nuestro alcance TRUCE, de seis semanas, por las zonas pobres de Nueva York. Durante semanas, habíamos estado evangelizando en las calles, conduciendo eventos "Pisa y Corre" en las esquinas del vecindario, invitando a la gente a venir a nuestra reunión final en el Bronx. En cada "Pisa y Corre", se salvaban más almas, pero todavía había mucho por hacer.

Recuerdo que estaba de pie sobre la plataforma frente a varios miles de personas allí en la calle. Nuestro escenario estaba al final de una calle larga y angosta, en el corazón de uno de los barrios más infestados de droga en toda Nueva York. Los altos edificios nos rodeaban. La policía rodeaba el perímetro, y monitoreaba cuidadosamente cualquier indicio de problemas.

Durante varios segundos, estuve mirando a la multitud que tenía ante mí. Pandilleros de color por todas partes. Prostitutas, traficantes de drogas y adictos estaban dispersos entre la multitud, esperando oír lo que iba a decir. Miré los edificios que nos rodeaban y observé la gente asomada a las ventanas, los niños trepados a las escaleras de incendio, los adolescentes amontonados en balcones destartalados y escaleras metálicas. Vi a madres y padres que miraban por las cortinas abiertas. Tantos ojos, mirándome. Esperando. Mirando. Asombrados.

Me sentí muy pequeño e indefenso allí frente a ellos. Una vez más, supe que nada de lo que dijera cambiaría algo. Nada de lo que hiciera borraría el dolor. Todo dependía de Jesús. Lo que esta gente necesitaba era un milagro, y solamente Dios podía hacer eso. Solamente Dios podía traer esperanza a este desolado rincón del mundo.

Querido Jesús, oré en mi corazón. *Míralos. Tantas almas. Tanta gente pobre y adolorida, gente que te necesita. Gente atrapada en un mar de pobreza y peligro y maldad. Abre sus ojos, Señor. Toca sus corazones ¡Usa mis palabras para traerlos a ti!*

Allí, ante la multitud, supe en mi corazón que Jesús podía sanarlos, que Él *quería* sanarlos, si tan sólo quisieran abrirse y dejarlo entrar. Si tan sólo podían ver más allá de su desesperación el corazón misericordioso de Dios.

MANDAR A SATANÁS DE VUELTA AL INFIERNO

Cuando comencé a hablar, a compartir mi testimonio, sentí una calma que descendía sobre el vecindario. Me asombré al ver cuanta atención prestaban las personas. Absorbían cada palabra. Y sabía que no era por mí, sino que estaban cautivados por el poder del Espíritu Santo. Podía percibir esa sensación de asombro y expectación. Unos momentos antes, había sentido la presencia del mal, la dureza del Bronx, la fortaleza de Satanás, pero ahora todo esto comenzaba a disiparse. Es algo que he sentido miles de veces en miles de vecindarios diferentes, pero que nunca deja de asombrarme. Es imposible describir esta sensación tan real. Es la presencia de Dios. Es el sistemático repliegue del enemigo ante la entrada de Espíritu de Dios que se acerca y desciende sobre una multitud. ¡Es el Espíritu Santo obrando, convenciendo, literalmente echando al diablo fuera del corazón y la vida de la gente!

Es una sensación preciosa, magnífica. Una experiencia sagrada.

Este sentimiento me invadió con tal fuerza que apenas podía contener mis emociones. No siempre lo hago, pero sentí que Dios me decía que reconociera este sentimiento ante la multitud: "Hace apenas unas horas, Satanás era el dueño de este vecindario, grité. Los que viven aquí saben de qué estoy hablando. Él gobierna este lugar. Uno puede sentirlo, percibirlo, sentir el sabor del mal aquí. Pero en este momento, él ya no está aquí. ¡Jesús está aquí! ¡Dios tiene el control!".

Nadie se movió ni apartó la vista mientras yo hablaba. Sabían exactamente de qué estaba hablando. Lo veía en sus expresiones, en sus rostros, en el ruego de su mirada. Sabían que algo había cambiado.

"Lo que sienten ahora es la presencia de Dios. En este momento, Satanás no puede tocarlos, no tiene poder en esta calle. Es como un niño asustado que se acobarda a causa del miedo. No deben temerle. No tienen nada que temer. Jesús está aquí, y los ama. Dios los está atrayendo hacia Él. Sé que lo pueden sentir. Sé que pueden sentir su llamado."

Mientras hablaba, sentía que el Espíritu Santo envolvía la multitud obrando en sus corazones, trayendo convicción a muchos. En la multitud, había personas llorando y quebrándose arrepentidas. Supe que, en ese momento, si yo no decía otra palabra, Dios igual sería victorioso. Porque Él tenía el control. Estaba moviéndose con poder entre nosotros.

Mi emoción sacó lo mejor de mí, alcé un puño airado hacia el cielo y grité: "¿Oyes eso, diablo? ¿Oyes lo que estoy diciendo? ¡No tienes poder aquí! ¡No eres nada! ¡Ya no eres bienvenido aquí ¡Vete al infierno, donde perteneces, porque esta noche manda Jesús!"

Antes de que pudiera invitar a la gente a acercarse para aceptar a Jesús, decenas de personas avanzaron hacia el escenario y cayeron de rodillas arrepentidas. Indiqué a los obreros que se acercaran y oraran con ellos mientras yo seguía hablando. Miré los edificios a nuestro alrededor, y vi que los niños y los padres lloraban en las ventanas. En el edificio que había a mi izquierda, una joven extendió sus brazos hacia mí como rogando por su salvación. Varios obreros se acercaron a su edificio y fueron a su apartamento a orar con ella. Extendí mi mano en su dirección y la invité a aceptar a Jesús en su corazón. Las lágrimas rodaban por su rostro mientras el Espíritu Santo la llamaba a Cristo. Hundió el rostro en los brazos de su madre y lloró.

Cientos de personas pasaron al frente para recibir a Jesús esa noche. Dios trajo una ola de convicción tan grande que la respuesta nos sobrecogió. Permanecimos allí hasta muy entrada la noche, orando por ellos, ayudando en esa gente a recibir a Cristo y haciendo nuestro mejor esfuerzo por anotar los nombres de todos en tarjetas de respuesta para hacerles un seguimiento en el futuro.

Las mujeres que unas horas antes caminaban por las calles para vender sus cuerpos ahora estaban de rodillas ante Dios pidiendo perdón. Los hombres que habían venido a esta esquina esa noche buscando drogas, sexo o ambas cosas, ahora estaban ante Jesús en arrepentimiento. Todos sentíamos temor ante la obra que Dios estaba haciendo en este sufrido, olvidado vecindario.

PROTEGER A LOS PROTECTORES

Bajé del escenario para orar con las personas que se habían acercado, y Sal, uno de nuestros cantantes principales, ocupó mi lugar en el escenario. Frente al micrófono, volvió a alentar a las personas a entregar su corazón a Jesús. "No se vayan esta noche sin descubrir el poder de Jesús", dijo. "Dejen que Dios cambie su corazón y su vida para siempre."

Mientras hablaba, varios policías asignados al área llegaron a la base del escenario para llamar su atención. Uno de ellos vestía camisa blanca y corbata negra. Obviamente era un detective o un teniente. Todos lloraban, y el hombre vestido de traje le dijo a Sal: "¿Por favor, podrías orar por nosotros? Ora por toda la policía de Nueva York y por la policía del Bronx. Por favor, ora por nuestra seguridad".

Sal se conmovió visiblemente por este pedido y, de inmediato, pidió a la multitud que hiciera silencio mientras él oraba por todos estos policías. "Querido Jesús, tú sabes cuánto hacen estos hombres y mujeres policías para proteger a la ciudad del mal. Y conoces los peligros y riesgos que corren. Señor, necesitan tu ayuda. Necesitan de tu guía. Necesitan que tu Espíritu Santo vaya delante de ellos mientras trabajan por mantener la paz en la ciudad."

"Señor, ahora mismo, por favor, trae una unción especial sobre los hombres y mujeres que nos rodean, toda la policía del Bronx y de la ciudad de Nueva York. Escúdalos, protégelos y envía a tus ángeles para que les rodeen. Guárdalos del mal mientras trabajan tan arduo cada día para mantener la seguridad en las ciudades."

La multitud se sintió tan conmovida por la oración sincera de Sal, que irrumpieron en vítores y aplausos mirando a los policías que estaban junto al escenario. Era solamente un ejemplo del amor y respeto que desciende sobre las personas cuando el Espíritu de Dios se mueve entre ellos.

HORA DE LEVANTARSE

No importa cuántas veces experimente el poder de Dios, jamás me acostumbraré. Nunca me duermo sobre los laureles por el modo en que Dios logra traer convicción al barrio más duro y frío. Al modo en que puede disipar el mal en cuestión de segundos y exponer lo más profundo del corazón de una persona, haciéndola caer de rodillas delante de la cruz.

No importa cuánto parezca que Satanás esté ganando esta guerra, sé que solamente es cuestión de tiempo antes de que Dios entre y se haga cargo. Antes de que Dios sople su aliento y envíe al diablo acobardado a un oscuro rincón.

De pie sobre esa plataforma en el Bronx, sintiendo el poder del Espíritu de Dios que descendía sobre nosotros, que se movía entre nosotros, que soplaba como el fresco viento del norte, me sentí totalmente vigorizado. Como si pudiera derrotar a Satanás de un sólo golpe certero en la sien. ¡Como si pudiera tomar a todas las fuerzas del mal y mandarlas de vuelta al infierno! Es lo que siento cada vez que se acerca la unción de Dios. Cada vez que Espíritu se hace cargo. Cada vez que vamos a la batalla contra el mal con Jesús de nuestro lado.

Puedes sentir a Dios moverse entre la multitud, ministrar, sanar, obrar milagros en el corazón de quienes lo necesitan. Su Espíritu resonaba entre los edificios, entraba y salía por las ventanas y las puertas, iba por los corredores y pasillos hacia los apartamentos. Los corazones llenos de pecado se rompían. Las mentes llenas de roña se llenaban con pensamientos de arrepentimiento y vergüenza. Los cuerpos golpeados por las drogas sentían el poder sanador de la salvación.

Así es como obra Dios. Así se mueve. Así es como lo encontrarás en guerra contra Satanás. Y en medio de esta guerra es donde más quiero estar.

Muchas veces, oigo a cristianos preocupados y quejosos respecto al futuro.

Se lamentan y gimen sobre las muchas victorias de Satanás en el mundo, sobre cómo está ganando tantas batallas y tanto ímpetu en este país y en todo el mundo. Hablan como si Satanás estuviera destinado a ganar. "Estamos perdiendo a nuestros hijos a causa de esta cultura", dicen. "Nuestras iglesias son cada vez menos, y nuestra sociedad empeora cada día."

No soy ciego a lo que está ocurriendo. Lo veo y también me enoja. Pero también sé que cuando uno ve ganar a Satanás es porque el pueblo de Dios está acobardado en retirada. Están bajando los brazos demasiado rápido. Se ocupan en lamer sus heridas de batalla en lugar de ponerse de pie y enfrentar al enemigo con más valentía todavía.

Si algo aprendí en nuestro ministerio —al enfrentar al enemigo en su propio terreno una y otra vez, día tras día, semana tras semana— es que Satanás es cobarde. Es un gusano quejicoso que elige a los más indefensos de nosotros, los más desesperanzados, los más desesperados. Es como el matón del patio de juegos, que corre a esconderse cuando aparece un niño de su mismo tamaño. Satanás retrocede ante la primera señal de verdadero poder.

Si no lo vemos salir corriendo con la cola entre sus huesudas patas, es sólo porque no lo hemos enfrentado con verdadera autoridad. No le hemos dado razón suficiente para que nos tenga miedo.

¿Entendemos realmente el poder que tenemos en la punta de los dedos? ¿Comprendemos el significado del mensaje que llevamos a un mundo perdido? ¿Tenemos idea de lo fácil que es vencer y revocar el mal con sólo abrirnos al mover del Espíritu Santo entre nosotros?

¿Sabemos lo que es capaz de hacer Dios entre nosotros?

Cuánto anhelo ver el día en que los cristianos estemos de pie hombro a hombro, codo a codo, en esta guerra contra Satanás, y por fin tracemos una línea en la arena, justo en el medio de su camino. Una línea que lo haga detenerse. Una línea que indique: "¡Hasta aquí llegaste! ¡Te divertiste mucho! Pero se te acabó el tiempo. En el nombre de Jesús ¡ya no puedes seguir avanzando!"

Anhelo ver el día en que un ejército de soldados se levante contra él. Un regimiento de creyentes con obsesión por las almas que tome sus armas para pelear contra el mal. Un ejército de hombres y mujeres con corazones que arden por Dios y con vidas rendidas a su voluntad.

¿No es éste el tipo de ejército al que querrías pertenecer? ¿No deseas tener siquiera una pequeña parte en una batalla tan grande por Dios? ¿No es esto lo que has estado esperando, de lo que tenías esperanza, por lo que has estado orando, creyendo que Dios lo produciría?

Si es así, entonces Dios quiere que sepas que el ejército ya está reunido. La guerra ya se está peleando. ¡Lo único que debes hacer es levantar tu espada y encontrar tu lugar en sus filas!

CAPÍTULO 6

EN LA ESTELA DEL ESPÍRITU

¿Cuántos de nosotros entendemos realmente lo que significa andar en el Espíritu de Dios, vivir con la pasión de Jesús, confiar en Dios con una fe simple, genuina y poderosa? ¿Una fe que no conoce límites ni teme a nada? Una fe que puede clavar la mirada en los ojos del diablo y decirle: "¡No puedes avanzar más! ¡Ya no tienes control sobre mí! ¡Eres débil, estás descubierto y no puedes hacerme nada!"

Una fe que puede mover cualquier montaña no importa cuán alta, ancha o difícil sea.

Porque ése es el tipo de fe que Dios exige de quienes quieren ver su poder. Es lo único que puede activar el verdadero poder y autoridad del Espíritu Santo en nuestras vidas.

Podría llenar un libro con historias de gente que vive ese tipo de vida. Gente que se mueve en el Espíritu con tal elocuencia y poder que literalmente cambia el mundo que la rodea. Gente cuyo corazón arde con una obsesión del alma, y por ella ha tenido en el reino un impacto mayor que el que la mayoría de nosotros siquiera se atrevería a soñar.

Poder en Puerto Rico

Una de esas personas es la pastora Marilú Dones, una querida y preciosa amiga quien junto a su esposo, el pastor Carlos Dones Reyes, ministra a través de una de las iglesias más grandes de Puerto Rico, con más de tres mil miembros. Juntos han construido uno de los ministerios más poderosos y apasionados de todo Puerto Rico, y quizá del mundo. En todo Puerto Rico, son amados y respetados por su obra. El gobernador los ama, y su iglesia es más variada que ninguna otra que yo conozca: médicos, abogados, jueces y políticos adoran junto a los pobres y la clase media.

Marilú es una humilde y piadosa mujer; brillante y sofisticada, pero con los pies en la tierra. Y Carlos es uno de los siervos más fieles y bondadosos que he conocido. La gente viene a su iglesia desde muy lejos solamente para oírlos hablar.

Como pastora, Marilú ha sido objeto de críticas de otras iglesias, pero basta mirar los frutos de su ministerio para saber que Dios le ha dado una unción especial. La gente de Puerto Rico no siente sino respeto y admiración por ella, incluyendo a quienes no asisten a su iglesia.

Tiene un programa semanal de televisión que se ve en toda la isla y nunca pide dinero. Mucha gente espera que trate de usar ese foro para recaudar fondos para su ministerio, como tantos otros teleevangelistas, pero nunca lo hace. Muchos predicadores se preguntan cómo puede permanecer en el aire sin apoyo, pero ella sabe que Dios es el único sostén que necesita.

Un domingo por la mañana, hace varios años, a mitad del servicio de adoración de su iglesia, el Espíritu Santo le ordenó que interrumpiera el servicio y enviara a su congregación a una caminata de oración. Se puso de pie en el púlpito y les dijo: "Hoy no tendremos un sermón. Lo viviremos. Quiero que todos me sigan por las calles. Caminaremos, oraremos y evangelizaremos dondequiera que nos lleve el Espíritu. Tomen sus Biblias y sus carteras y síganme."

Creo que ni siquiera se tomó tiempo para levantar la ofrenda esa mañana. Marilú jamás se ha preocupado por el dinero. Siempre supo que Dios completaría cualquier déficit de su presupuesto. Su tarea era seguir al Espíritu, y era lo único que le interesaba.

La congregación siguió a Carlos y Marilú fuera de las puertas, bajaron las escaleras y se dirigieron al corazón de la ciudad. Los jóvenes de la iglesia se enteraron y dejaron sus clases para seguirlos. Caminaron, oraron y cantaron juntos por las calles y la ruta. Ella sentía que el Espíritu le decía que comenzará a evangelizar al barrio, y por eso instruyó a su gente para que lo hiciera. La congregación se dividió en grupos que tomaron rumbos diferentes, yendo de puerta en puerta a ministrar como el Espíritu Santo los guiaba.

En cada una de las casas a las que fueron, las personas se sorprendían de ver a grupos de cristianos fuera de la iglesia un domingo por la mañana. Muchos estaban encantados de hablar y orar con ellos. Esa mañana, Carlos y Marilú le pusieron pies a la iglesia, llevando literalmente la iglesia a las calles como lo habría hecho Jesús.

En un momento dado, el grupo de Marilú pasó por un negocio donde toda la comunidad sabía que se vendían drogas. El auto del propietario estaba afuera, así que Marilú fue a hablar con él. Golpeó la puerta varias veces antes de que la atendiera y no se veía muy contento. "Queremos orar por usted y por su negocio", le dijo Marilú. Pero el hombre se resistía.

"No necesito sus oraciones", respondió. "Déjenme en paz."

Ella volvió a insistir en que le dejara orar por él, pero el hombre no quería saber nada. Se burló de ella y le dijo que se fuera. Marilú persistió en su esfuerzo por llegar a él explicándole que Dios había puesto en su corazón un fuerte sentir de orar por él, que temía que pudiera sucederle algo malo. Profetizó sobre el hombre, y le dio una firme advertencia: "Si no me permite orar por usted, temo que algo malo le sucederá a su negocio", le advirtió. Pero el hombre se negó. Le dijo que se fuera y le sacudió la puerta en la cara.

De pie y frente al edificio de este hombre, Marilú le dijo a su congregación: "Puede impedir que oremos dentro, pero nada nos impedirá orar por él en la calle".

Así que comenzó a orar por el alma de este hombre. Oró que el Señor le trajera convicción y que su alma fuera salvada. Oró que Dios sacara a Satanás y le impidiera infectar a más personas a través de la venta de drogas de este hombre. Audazmente oró: "Señor, tú sabes el daño que este hombre trae a nuestra ciudad, y ya no vamos a tolerarlo más. En el nombre de Jesús, atamos a Satanás aquí mismo y ahora. Exigimos y declaramos que Satanás ya no tiene poder sobre este barrio, ni sobre este negocio, y ya no tiene influencia dentro de esta comunidad. ¡Ya no toleraremos el mal en esta comunidad!"

Exactamente tres días después, durante la celebración del Año Nuevo, Marilú fue informada de que el propietario de ese negocio había sido hallado muerto por la policía. Unos ladrones habían entrado en su negocio para robar y, cuando él intento detenerlos, lo decapitaron y dejaron en un charco de sangre en el suelo.

El negocio nunca volvió a abrirse. Sigue manchado con la sangre del propietario. La noticia de la muerte de este hombre entristeció a la congregación y sobre todo a Marilú. El Señor intentó advertirle, pero él no quiso escuchar.

Ayuda después de un huracán

En 1998, el huracán George azotó a la isla de Puerto Rico, causó enormes daños materiales y mató a muchas personas. Fue uno de los peores huracanes en la historia de la isla, y causó destrozos en las ciudades de toda la región, incluyendo a las comunidades que rodean la iglesia de los Dones.

Apenas se calmó el huracán, Carlos y Marilú movilizaron a la iglesia para ayudar. Respondieron como respondería Jesús: dando alimento, refugio y ropa a quien lo necesitara. Sacaron el horno de gas de la iglesia y armaron una cocina. La gente de las comunidades cercanas se acercaba al edificio, buscando alimento y agua, y nadie fue rechazado. Nunca se preocuparon por el costo, sino que brindaban lo que todo el mundo viniera a buscar. Alimentaron a la gente con tres comidas al día, y usaron la iglesia como una base de operaciones y trabajar junto con la Cruz Roja y el Departamento de Servicios Sociales para proveer refugio, comida y medicina.

A los dos días de iniciar este esfuerzo solidario, unos ladrones robaron el generador, pero esto no afectó a la iglesia. Marilú les dijo que encendieran una fogata y así cocinaron los cientos de raciones de comida que ofrecían cada día. Cuando la gente no podía viajar hasta la iglesia para comer, Marilú enviaba la comida dondequiera que se encontraran.

Muchas familias en el interior de los bosques y montañas no tenían comida ni agua, y no se podía llegar hasta allí en auto. Los caminos estaban inaccesibles por las rocas, el lodo y los árboles caídos. Así que cada día Marilú empacaba una enorme bolsa y la llevaba a pie cruzando los bosques, subiendo colinas, internándose en los bosques para llegar a la puerta de quienes no tenían otra forma de recibir ayuda. Caminaba kilómetros por lugares rocosos y difíciles de atravesar solamente para llegar hasta ellos. Sus piernas estaban magulladas y arañadas por esas caminatas. Muchos hombres tenían miedo de hacer ese viaje largo y traicionero, así que lo hacía ella misma. Y nunca se quejó. Sabía que si no ayudaba a estas personas nadie lo haría, así que hizo lo que habría hecho Jesús.

Por seis meses, la iglesia trabajó para restaurar su comunidad. Durante toda la terrible experiencia, nunca dejaron de ayudar, pese al esfuerzo que significaba para el presupuesto y el tiempo que tomaba a su ministerio. Poco a poco, la gente comenzó a recuperarse. La vida en la isla por fin iba volviendo a su cauce normal, y ya no hacía falta la ayuda.

Pero durante ese proceso, la iglesia descubrió en la comunidad un gran número de personas mayores que necesitaban ayuda continua, por lo que hasta hoy los sigue alimentando y cuidando a diario, llevándoles comida caliente a sus casas cada mañana.

No hay iglesia en todo Puerto Rico que haya tenido el tipo de impacto que tuvo esta iglesia en su comunidad. No ha habido dos pastores que hicieran más por aumentar el reino y salvar a las personas que los pastores Marilú y Carlos Dones Reyes. Son verdaderos testimonios de lo que se puede lograr en la tierra por medio del poder del Espíritu Santo obrando a través de las vidas de dos humildes siervos de Dios con obsesión del alma.

Fe como la de un niño

Es imposible hablar sobre la pasión sin pensar en Steve Pineda. Steve era un ex drogadicto que llegó a Cristo a través del ministerio Victory Outreach, fundado por mi buen amigo e hijo espiritual, Sonny Arguinzoni.

Steve creció en las calles y estuvo en la cárcel varias veces. Pero cuando llegó a Cristo, su vida cambió por completo. Se apasionó por Jesús y llegó a ser pastor de una iglesia de Victory Outreach en Hayward, California. Steve hablaba de Jesús todo el tiempo, y siempre alcanzaba a otros, siempre buscaba al Señor con sed insaciable en su espíritu.

Un día, sintió en su espíritu una carga por ir a evangelizar en las Filipinas. No tenía dinero ni apoyo, pero estaba seguro de que Dios quería que fuese allí. Sus amigos le dijeron que estaba loco. Pero un día empacó una valija, reunió el dinero para un boleto y tomó un avión. Llegó a Manila con sólo una maleta con ropa y unos pocos dólares en el bolsillo, ni siquiera lo suficiente como para pagar una habitación por esa noche.

Puede imaginar la escena. Allí estaba él, un misionero sin dinero ni apoyo, caminando por las calles de la ciudad, sin conocer a nadie y preguntándose dónde conseguiría su próxima comida. Así era Steve. Tenía la fe de un niño, completamente inocente e irracional.

Durante varios días, caminó por las calles en Manila, orando y buscando a Dios. Sabía que Dios tenía una misión para él, pero no sabía cuál era. Se reunió con varios pastores del lugar antes de encontrar a uno que lo acogió bajo sus alas.

Durante una semana, Steve permaneció en Manila hablando con la gente, conociendo la comunidad, orando por la visión de Dios. Y pronto Dios le mostró claramente que debía fundar una escuela de evangelismo en las Filipinas. No tenía idea de cómo hacer tal cosa, ni experiencia en recaudar dinero, pero creía en Dios, y comenzó a compartir esta visión. Una semana más tarde, estaba de regreso en California donde puso manos a la obra para concretar este sueño.

A causa de su impacto sobre la comunidad de Manila, Steve pudo convencer a personas para que dieran dinero para el proyecto. El gobernador lo alentó e hizo todo lo posible por ayudarle. Pronto se construyó el centro y todavía hoy hay evangelistas que se capacitan en Manila todos los años a través de esta misión que Dios puso en el corazón de Steve.

Más tarde, construyó otro centro de evangelización en Hayward, California, otra vez sin dinero y solamente con una visión de Dios.

Esto era típico de la vida de Steve. Nada de lo que hacía parecía muy cuerdo desde el punto de vista humano. Solamente confiaba en Dios e iba adonde sentía que Dios lo guiaba.

Un día, yo estaba hablando en una cruzada y Steve se acercó a hablar conmigo. Dijo que estaba conmovido por mi testimonio y que quería dar una gran cantidad de dinero a nuestro ministerio. Reí y le dije: "Es muy generoso de tu parte, ¡pero no tienes dinero! Gracias por la oferta, pero no te tomaré la palabra".

Discutió conmigo y me dijo que sabía que Dios le ayudaría a cumplir su promesa. "Dios me dará el dinero", dijo. "No te preocupes."

Bromeamos y reímos juntos durante varios minutos, y antes de que nuestra conversación terminara una mujer se acercó para hablar con Steve. Lo conocía desde hacía un tiempo y se veía muy seria. "Dios ha puesto en mi corazón que tengo que darte este dinero", dijo y le entregó un cheque. "No estoy segura de el porqué, pero sé que Dios quiere que lo tengas."

Él aceptó el cheque, agradeció a la mujer por su generosidad, y luego se volvió y me dio el cheque a mí.

Aprendí más sobre la fe de Steve que de cualquier otra persona que haya conocido. Nos hicimos muy buenos amigos a lo largo de los años, y su confianza en Dios jamás flaqueó.

Fe hasta el fin

Unos años más tarde, Steve contrajo hepatitis C y finalmente murió de cáncer en el hospital. Era el resultado de sus años como drogadicto. Recuerdo haber hablado con él un día, más o menos un mes antes de su muerte, y me abrió su corazón. Admitió que durante unos ocho o nueve años había sabido que corría peligro, y que los doctores le habían advertido reiteradas veces que debía hacerse algún tipo de tratamiento, pero él había ignorado sus advertencias. Quería creer que Dios lo sanaría de esta enfermedad y había puesto el tema en oración. "Podría haber vencido a la enfermedad si hubiese escuchado a los doctores", me dijo. Ahora entendía que Dios había estado intentando advertirle. Su dulce esposa, Josie, ahora enfrentaba la responsabilidad de criar sola a sus hijos.

Ésa es la clase de tipo que era Steve. Cuando debería haber estado preocupándose por su salud, estaba tan ocupado intentando evangelizar y llevar a otros al Señor, que se olvidó de sí mismo. Josie estaba preocupada por él e intentó hacer que viera al médico, pero él siempre lo postergaba, y seguía tratando de hacer más por el Señor, pensando en las necesidades de los demás en lugar de las propias. Al fin, la enfermedad lo atrapó.

Steve lloró ante la idea de dejar solos a su esposa y sus hijos. Sabía que había cometido un error. Permaneció en casa con su familia todo lo posible, pero pronto la enfermedad lo venció. Era claro que no viviría mucho más, así que Josie lo llevó al hospital.

Aún pocos días antes de su muerte, sin fuerzas para nada y con el cáncer haciendo estragos en su cuerpo, Steve seguía predicando sobre Jesús. Yacía en la cama del hospital, y daba testimonio a todo el que entrara a su habitación, desde las enfermeras a los doctores, la gente de limpieza y los que venían a cambiar las sábanas.

Un día, Steve había estado escupiendo sangre y un conserje vino a su habitación a cambiarle las sábanas. Steve cubría su boca con una toalla y se disculpaba por haber ensuciado, pero no podía evitar dar testimonio sobre Jesús. Apenas podía hablar y ni siquiera podía sostener en alto la cabeza, pero seguía predicando sobre la bondad de Dios. Su esposa e hijos estaban sentados al otro lado de la habitación, pero él dejó de prestarles atención para intentar llevar a este hombre al Señor.

El hombre se conmovió tanto que lloró. No podía creer lo que veía. Aquí estaba Steve, muriendo de cáncer, pero su corazón estaba lleno de fe y esperanza. El hombre se quebrantó y le pidió a Steve que orara con él. Allí, en la habitación del hospital, Steve guió al hombre a Jesús.

En otra ocasión, Steve estaba con su familia en el vestíbulo del hospital cuando vio a un hombre a quien reconoció, alguien de quien sabía que se había apartado. El hombre les había dado la espalda a Dios y la iglesia. Allí mismo, en el vestíbulo, Steve le dijo: "Necesitas volver a Jesús. Encuentra una iglesia y entrega otra vez tu vida a Dios". A los pocos minutos, el hombre se sintió abrumado por la culpa y oró con Steve; prometió encontrar una iglesia y permanecer fiel.

Aunque estaba sufriendo dolores inimaginables, Steve seguía más concentrado en guiar personas a Cristo que en su propia condición.

Empeoró con el paso de los días, y pronto llegó a las puertas de la muerte. Como el dolor era insoportable, las enfermeras le daban morfina. Sonny Arguinzoni fue varias veces a visitarlo en sus últimas semanas, y le rompió el corazón ver a Steve muriéndose. Muchos otros pastores y amigos lo visitaban, pero Steve le insistía a Josie que no quería que lo vieran. Le daba vergüenza su aspecto débil y frágil. Le dijo a su esposa: "No permitas que me vean así. Diles que los amo, pero que no puedo hablar ahora".

Josie entendía su preocupación, pero sabía que la gente quería verlo por última vez. Así que trajo a sus amigos a la habitación, de a uno por vez. Steve estaba tan vencido por el dolor y las drogas que ni siquiera se dio cuenta.

Justo antes de que partiera, Josie trajo a sus hijos para que estuvieran a su lado. Le acariciaron la cabeza y sostuvieron su mano. Oraron con él y le cantaron, hablándole mientras entraba en la eternidad. Su hijo menor, Estevan, le sostuvo la mano hasta su último aliento. El niño le hablaba a su papá, y le decía qué buen padre había sido y cuánto lo amaban todos. Le habló del cielo y la recompensa que le esperaba allí. Le habló de Jesús.

Mientras el niño hablaba, su madre se acercó y le tomó la mano. "Tu papá se ha ido para estar con el Señor", dijo. El niño comenzó a llorar, y ella tomó su mano con más fuerza. "No estés triste, dijo la madre. Nos llevó en su corazón. Tu padre fue un gran hombre de Dios."

LA HERMANA ELSIE

La hermana Elsie Minor es otro ejemplo de alguien que vive y se mueve en la bendición de Dios. Hoy, con más de ochenta años de edad, es una leyenda viviente en Harlem. Elsie llegó al Señor a los cuarenta, después de una larga y dura vida en las calles. Había pasado la mayor parte de su vida en bares, bebiendo y drogándose, durmiendo con todo hombre que se le pusiera delante. Vivía una vida extremadamente pecadora y su testimonio usualmente impresiona a las personas que lo oyen por primera vez.

Elsie llegó a Jesús a través de la obra de Soul Saving Station, una dinámica iglesia de Harlem. Y jamás volvió a mirar atrás.

Los jóvenes de su iglesia hoy no pueden imaginar su anterior vida de pecado. Elsie es tan dulce, tierna y amorosa. Toma a los jóvenes bajo sus alas, es su mentora, ora por ellos, ora con ellos e imparte su unción sobre sus vidas. Es una preciosa mujer del Señor con una fe poderosa.

Elsie va en ómnibus a todas partes, y a menudo los conductores no le permiten pagar su boleto. Ha hecho tanto por su comunidad que sencillamente se alegran de llevarla gratis. Todos la conocen y respetan. Y ella testifica del Señor en todo momento.

Suele decirles a los jóvenes de quienes es mentora: "Los viejos conocemos el camino, pero son los jóvenes quienes tienen la fuerza para hacerlo corriendo". La hermana Elsie ha obtenido su sabiduría a través de años de estudio, oración y experiencia e imparte esa sabiduría a la juventud de su iglesia. Todas las semanas se sienta en el último banco del auditorio, orando por los jóvenes, y ellos se le acercan sólo para estar cerca. Ha hecho más daño al diablo orando y aconsejando de lo que la mayoría de la gente podría soñar hacer.

El Cuerpo de Cristo necesita más personas como la hermana Elsie Minor, gente que ame al Señor apasionadamente y que irradie amor por los demás. Personas que son una bendición cotidiana para los demás ¡porque se mueven en la bendición de Dios!

EDUCADOS POR EL ESPÍRITU SANTO

No hay nada tan estimulante como caminar cada día con el Espíritu Santo. Moverse y respirar en el poder de Dios. Escuchar la voz que llega a tu espíritu, y obedecerle, sea lo que fuere que te indique que hagas. Ir dondequiera te diga que vayas. Decir lo que te diga que digas. Ministrar a quien ponga en tu camino. Beber del manantial de su sabiduría mientras Él la imparte en tu corazón y tu mente.

¡Me gusta tanto vivir en la estela del Espíritu Santo! No hay nada que prefiriera hacer más que seguirlo en la batalla. Trato de no cuestionar nunca sus caminos, ni dudar de su perspicacia, y nunca vacilo en dejarme guiar por Él.

Muchas personas tratan de educar al Espíritu Santo respecto a lo que debería hacer. He oído a predicadores explicar cómo obra el Espíritu Santo, decir cómo piensa, lo que quiere y no quiere que hagamos. ¡Me pregunto si alguna vez se detuvieron a pedirle al Espíritu Santo permiso para hablar por Él!

El Espíritu de Dios no nos responde ni a ti ni a mí. No nos pregunta qué pensamos sobre su modo de hacer las cosas. Solamente nos pide que lo sigamos. No podemos ser más inteligentes que Él, y pocas veces podemos entenderlo. Es como un paquete de sorpresas que cada día espera abrirnos nuevas puertas de ministerio, entusiasmo y experiencias. Cuando crees que lo entendiste, te vuelve a sorprender.

¡El mayor enemigo del Espíritu Santo es nuestra agenda! A Él no le interesa trabajar por medio de nuestro programa de actividades: Él *quiere llegar a ser* nuestro programa de actividades. Quiere guiarnos a través del día, y no ayudarnos a planificarlo. Quiere sacudirnos y hacer caer nuestras rutinas y rituales diarios para que nos soltemos y confiemos en Él.

La oración más poderosa y efectiva que podamos decir es: "Jesús, entrego mi vida a la obra de tu Espíritu Santo. No tengo planes propios, no tengo agenda ni objetivos que haya elegido por mi propia cuenta, ni deseo que no haya sido puesto en mi espíritu por el tuyo. Quiero soltar mi vida y mi agenda. Renuncio al poder de Satanás sobre mi vida y a los pecados que me esclavizan ¡Tómame, Señor! Muéstrame dónde quieres que vaya, qué quieres que haga, a quién quieres que vea y qué quieres que diga. Ya no limitaré tu obra en mi vida ¡Tómame! ¡Moldéame! ¡Úsame! ¡Guíame! ¡Hazme un recipiente de tu Espíritu!"

En lugar de pasarte la vida orando por bendiciones, ora porque Dios te utilice para bendecir a otros. En lugar de esforzarte por estar cómodo y obtener riquezas y comida sabrosa, ora porque Dios te use para ayudar a otros a encontrar comodidad, consuelo, refugio y alimento. En lugar de buscar milagros, permite que Dios convierta tu vida en un milagro viviente de su voluntad.

Así es como podrás hacer un verdadero impacto por Cristo en el mundo. Así crearás el tipo de influencia que los pastores Marilú Dones y Carlos Dones Reyes han creado en su comunidad. Así cambias tu mundo como la hermana Elsie Minor. Esa será la manera de que dejes un legado como el que dejó Steve Pineda.

Si quieres cambiar el mundo comienza por permitir que Dios te cambie. Deja que la pasión de Jesús sea tu pasión. Permite que el Espíritu Santo sea tu único guía y mentor a cada paso, cada minuto del día. ¡Permite que Dios haga arder tu corazón con una obsesión del alma!

Y el SEÑOR le respondió:
Voy a darte pruebas de mi bondad, y te daré a conocer mi
nombre. Y verás que tengo clemencia de quien quiero
tenerla, y soy compasivo con quien quiero serlo.

ÉXODO 33:19

Olvida los pecados y transgresiones que
cometí en mi juventud.
Acuérdate de mí según tu gran amor,
Porque tú, SEÑOR, eres bueno.

SALMO 25:7

Yo amo al SEÑOR
porque él escucha mi voz suplicante.

SALMO 116:1

Vete a tu casa, a los de tu familia, y diles todo lo que el
Señor ha hecho por ti y cómo te ha tenido compasión.

MARCOS 5:19

Por lo tanto, como escogidos de Dios, santos y amados,
revístanse de afecto entrañable y de bondad, humildad,
amabilidad y paciencia.

COLOSENSES 3:12

Tengan compasión de los que dudan; a otros, sálvenlos
arrebatándolos del fuego. Compadézcanse de los demás,
pero tengan cuidado; aborrezcan hasta la ropa que haya
sido contaminada por su cuerpo.

JUDAS 1:22-23

PARTE II: LA MISERICORDIA

CAPÍTULO 7

UN BESO DESDE EL CIELO

No me he cruzado con muchos muchachos que me asusten en los últimos cuarenta años, pero Alberto estuvo cerca. Entiendo, más que la mayoría de las personas, que los adolescentes que se muestran duros suelen estar asustados e inseguros. Esconden su miedo tras una fachada de tatuajes, colores de pandillas y joyas ostentosas, pero no me engañan. Puedo ver que están fingiendo, y llegar a ver su alma y su corazón.

Pero con Alberto era otra historia. Tenía ojos tan fríos y sin vida que ni yo podía ver detrás de su mirada. Cuando lo miré por primera vez, no vi nada, ni miedo, dolor ni arrepentimiento. Pero Dios me mostró otra cosa.

Fue hace varios años, y estaba yo hablando en dos escuelas secundarias de Houston, Texas. Las escuelas estaban en las áreas de mayor miseria de la ciudad, y las pandillas habían estado haciendo estragos en la zona durante años. Los maestros y directores recibían frecuentes amenazas y muchos temían ir a trabajar cada mañana. Me pidieron que hablara con los chicos sobre el problema de las gangas y la violencia.

Cuando hablo a jóvenes en sus escuelas, al principio suelo encontrar un muro de indiferencia. No quieren oír lo que tengo que decirles. Muchos intentan quedar bien ante sus amigos, pero en mi corazón sé que están escuchando. Sé que llego, al menos a algunos. Así que persisto.

No me guardo nada cuando hablo en escuelas secundarias. Los directores saben antes de que llegue que no me limitaré a hablar de los peligros de la violencia, las drogas, el sexo y las pandillas. Les hablaré de Jesús. Mi testimonio es para gloria de Dios, y ésa es la única forma en que estoy dispuesto a usarlo. Si a los maestros les ofende la religión es mejor que se preparen porque no doy marcha atrás. Sé que muchos no quieren escuchar que sin Jesús no hay verdadera solución a los problemas que golpean a la sociedad. Él es la respuesta a cada pregunta, a cada problema que tienen. Él es el único que puede de veras sacar a los jóvenes de su ira y desesperanza.

Como es usual, cuando terminé mi charla en Houston, en la habitación reinaba el silencio. Los chicos que habían entrado riendo y bromeando estaban mudos después de oír mi testimonio. Vieron que yo entendía qué era lo que estaban viviendo y que había estado allí, y veía más allá de sus máscaras de ira y rudeza. Y cuando les dije lo que Jesús había hecho por mí, cómo me había rescatado de una vida de desesperación, los hizo pensar.

Al finalizar mi testimonio, les dije que hablaría en una iglesia cercana y que estaban invitados a venir. Cuando hago esto, los maestros suelen sorprenderse de cuántos vienen. Y muchas veces son los jóvenes de quienes menos se esperaría que lo hagan: los que más problemas causan en la escuela.

ALBERTO

Alberto era uno de esos muchachos. Era el líder de una banda, y uno de los adolescentes más temidos en la zona urbana deprimida de Houston. El muchacho que uno menos pensaría ver en una iglesia. Pero vino.

Vinieron más de mil quinientas personas a la iglesia esa noche, y el santuario estaba repleto. Hablé tres noches seguidas, y cada vez la iglesia estaba llena. Hasta el pastor se sorprendió al ver tantos jóvenes congregados en ese edificio, chicos que jamás aparecerían en un servicio de domingo por la mañana, ni en ningún otro servicio religioso. Esto es verdadero testimonio de cuánto necesitan estos jóvenes creer que en la vida hay algo más que gangas, violencia y drogas.

Alberto vino con su madre esa noche y se sentó al fondo del auditorio. Ambos guardaron silencio mientras yo daba mi testimonio.

A los quince minutos de iniciado el servicio, Alberto se sintió súbitamente mal. Saltó de su asiento y corrió hacia la habitación de al lado, y vomitó violentamente. Varios hombres que estaban allí ofrecieron su ayuda, pero él se negó. Se lavó la cara y volvió a la reunión. Diez minutos más tarde, volvió a salir corriendo para ir al baño. Una vez más, vomitó. Los mismos hombres volvieron a ofrecerle su ayuda, con la intención de llamar a un médico, pero Alberto rehusó: "¡No me iré! Quiero oír lo que este hombre tiene para decir", gritó antes de volver al auditorio.

Varias veces más, Alberto se vio obligado a salir del auditorio por el malestar, pero siempre regresaba en pocos minutos. Permaneció allí todo el tiempo, sudando y temblando.

Más de trescientos jóvenes pasaron al frente esa noche, muchos de ellos para aceptar a Jesús por primera vez. Eran hermosos chicos y chicas, perdidos, solos, todos anhelando esperanza. Pasé mucho tiempo orando con ellos y casi todos me esperaron con paciencia. Fueron tantos los que aceptaron a Jesús esa noche que el entusiasmo me hacía sentir flotando en el aire.

A las once de la noche, todavía había muchos jóvenes esperando oración, y solamente éramos unos pocos los que estábamos allí para orar con ellos. Pensábamos quedarnos toda la noche si hacía falta. Levanté la vista y vi junto a mí al pastor Eric Dicesare.

"Nicky", dijo, "en mi oficina hay un muchacho que dice que tiene que hablarte. No quiso venir al frente. Ha estado esperando durante horas, allí en el fondo. Lo convencí para que te esperara en mi oficina, pero mi gente le tiene miedo".

"¿Quién es?", pregunté.

"Se llama Alberto. Es un líder de pandillas de esta área. Controla a toda la escuela, a todo el barrio. Todos le temen: los maestros, el director, los padres. Es un muchacho peligroso y nadie sabe por qué vino ni qué es lo que quiere contigo, pero no hay nadie de la iglesia que se le quiera acercar. Y no quiere hablar con nadie más que contigo."

Camino a la oficina del pastor, me dijo que la madre del muchacho esperaba en otra habitación. Dijo que tenía los ojos amoratados e hinchados, sin duda por una golpiza propinada por su hijo.

Alberto tenía la vista fija adelante cuando entré en la oficina del pastor. Me acerqué a él, y lo miré a los ojos. No dijo nada. Solamente seguía mirándome. Tenía una camisa sin mangas y vi que sus brazos eran musculosos y tenían cinco tatuajes, todos rostros.

"Háblame de tus tatuajes", le dije.

Miró su brazo, y luego volvió a mirarme directamente. "Son chicos de mi barrio. Están todos muertos ahora."

Miré su brazo más de cerca y vi que una de las caras era distinta. Roja, con una mirada llena de maldad, con cuernos que asomaban encima de una corona. El rostro de Satanás.

"¿Y ésa?", pregunté. "¿Es el diablo?"

"Sí", dijo, asintiendo con una mueca. "Todo tiene que ver con el mal."

Permanecimos cara a cara durante largo rato, y yo evaluaba qué decirle. Nunca me dijo por qué quería hablarme, y yo nunca se lo pregunté. Esperé y oré, nada más. En mi espíritu, sentí que Dios me decía, *Abrázalo*. La idea no me atraía. Me daba más miedo que otra cosa. El muchacho no mostraba emoción alguna, ni miedo ni remordimiento. Sus ojos eran fríos, sin vida, llenos de ira.

Supe que no estaba aquí por accidente. El Espíritu Santo debía haber obrado en su corazón, porque de otro modo no hubiera venido, ni se habría quedado, ni me habría esperado. *Por dentro, es solamente un chico asustado,* pensé. *¿Por qué otra cosa estaría aquí?*

Así que hice lo que Dios me decía que hiciera. Lo abracé, y acerqué su cabeza a mi pecho. Al principio se resistió. Su cuerpo se puso rígido y tenso, pero no luchó. No se apartó. Lo sostuve durante un momento, sintiendo lo tenso que estaba, antes de susurrarle al oído: "Estás sufriendo, ¿verdad, hijo?"

Sentí que temblaba cuando le hablé. Quiso apartarse, pero yo lo seguí abrazando y susurrando para que nadie pudiera oírnos. "Sé que sufres. Te entiendo. Quieres que te amen. Tu padre no te ama, y tu madre no sabe cómo hacerlo. La vida no ha sido justa contigo, lo sé. Y Dios lo sabe. Has intentado esconder tu dolor con la maldad. Has hecho cosas de las que no te enorgulleces. Pero a Jesús no le importa. Te ama así como eres. Deja que Jesús te ame."

En ese instante, sentí que se derretía en mis brazos. Su cuerpo se aflojó y comenzó a llorar. Yo no esperaba esto. No sabía que podría llegar a él tan pronto. Hundió su cabeza en mi pecho y lloró como un bebé. Pensé que se ahogaba, porque sus sollozos lo sacudían muy fuertemente. Pero seguí sosteniéndolo, dejando que llorara.

"Permíteme abrazar tu dolor", le dije. "Has estado peleando contra el mundo durante tanto tiempo, pero peleas contra ti mismo. Peleas contra Dios. Te sientes atrapado. Pero Jesús puede darte la libertad. Ya no pelees contra Él."

Durante veinte minutos lo sostuve, y él siguió llorando. Echó sus brazos alrededor de mi cuello, aferrándose con desesperación. Seguía con la cabeza hundida en mi pecho todo el tiempo.

Oré por él y luego le pedí que repitiera mis palabras. Quería confesar el mal que había hecho, y se lo permití. Escuché mientras me contaba a cuánta gente había lastimado, los pecados que tanto lo avergonzaban. Las veces que había golpeado a su madre.

"Quiero que hagas algo por mí", dije. "Quiero que vayas a buscar a tu madre. Tráela aquí. Dile que lamentas todo lo que hiciste. Pídele que te perdone y prométele que nunca más vas a ponerle una mano encima. Muéstrale a Jesús cuánto lo lamentas."

Sin dudarlo, corrió fuera de la habitación y volvió con su madre. La mujer se veía preocupada, algo asustada, porque no sabía qué esperar. Su hijo la miró a los ojos y otra vez comenzó a llorar. "Lo siento, mamá", dijo entre sollozos. "Soy lo peor que hay en la tierra. Te he hecho sufrir tanto, y lo único que hiciste fue amarme. Por favor, perdóname. Nunca volveré a lastimarte. ¡Nunca! ¡Por favor, perdóname!"

Los dos se abrazaron durante lo que pareció una eternidad. Los años de dolor y resentimiento se derrumbaron mientras ellos seguían abrazándose y perdonándose el uno al otro.

Nos quedamos en la iglesia hasta tarde esa noche, y la noche siguiente, Alberto y su madre regresaron. Esta vez, el muchacho habría traído a diecisiete de sus amigos. Muchos de ellos vinieron al frente para aceptar a Jesús como su Salvador.

Cada tanto recibo noticias de Alberto. Hoy es un activo miembro y líder de otra iglesia. Su vida cambió por completo gracias a Jesús.

UNA NUEVA ESPERANZA

Alabo a Dios porque me ha permitido ser testigo de tantas vidas y corazones cambiados durante mi carrera. Es lo que me mantiene entusiasta y renovado en el ministerio. Dios ha usado mi testimonio para quebrantar algunos de los corazones más duros del universo. Y eso funciona porque antes yo fui uno de esos corazones. Era tan frío y estaba tan enojado y perdido que nadie pensó jamás que hubiera esperanza para mí. Pero Dios pensaba diferente.

Cuando veo a alguien como Alberto, me veo a mí mismo cuando era muchacho. Cuando ellos me ven, ven esperanza. Esperanza de que ellos también puedan encontrar la salida del calabozo de la nada. Esa es nuestra conexión. Eso es lo que Dios usa para llegar hasta ellos, como llegó hasta mí.

Y nada me entusiasma más que ver a estos jóvenes abrazar finalmente esa esperanza, abrazar un nuevo futuro. Verlos dejar atrás el pasado para siempre. Verlos entregar sus temores e ira a los pies de Jesús para comenzar una vida nueva.

Ésta es la clave para salir del calabozo, la clave para cambiar viejos hábitos y estilos de vida sin salida, para dejar atrás una vida de pecado e iniciar un futuro de vida en santidad. La clave está en entregarlo, en rendirlo, en dejar que el pasado sea pasado y mirar en cambio hacia Jesús: hacia el verdadero futuro.

Muchas veces la gente acepta a Jesús, pero sigue aferrada a su pasado. Oye las palabras de perdón, pero su corazón no las aceptan ni las cree. No puede imaginar que lo que hicieron ya no importa. No puede *sentirse* perdonada. Y por eso sigue encadenada. Los pecados de su pasado siguen allí, tentándola, haciéndole señas para que vuelvan. Los fantasmas de lo que fueron la sigue asechando.

Lo veo todos los días. Es lo que hace que la gente vuelva atrás, a su viejo estilo de vida. A buscar a sus viejos amigos en un momento de debilidad. A volver a caer en la droga, el sexo y el pecado.

Eso pasa cuando la gente acepta un futuro nuevo sin dejar ir al pasado. Sin dejar ir su culpa y remordimiento. Sin perdonarse a sí mismos como los ha perdonado Jesús. "He aquí ahora el tiempo aceptable, escribió el apóstol Pablo, he aquí ahora el día de salvación" (2 Corintios 6:2).

No basta con que aceptemos a Jesús y pidamos su perdón. También debemos rechazar lo que éramos antes y abrazar plenamente el nuevo día: el día de nuestra salvación. El día en que nuestro pasado quedó atrás. El día en que Dios ya no se acordará de nuestros pecados y en que nada de lo que hicimos tiene importancia, porque sólo queda el futuro. Debe ser más que un día de salvación: tiene que ser un día de *transformación*. Un día de esperanza nueva y de nuevos sueños, de corazón, mente y alma renovados.

DERROTAR AL PRÍNCIPE DEL PASADO

Satanás vive en el pasado. Es el príncipe de lo que fue, el rey de la culpa y el remordimiento. Vive para mantenernos allí, para recordarnos lo que hicimos y lo horribles que fuimos. Su mente está consumida por pensamientos de victorias pasadas; de las veces que nos hizo pecar, tropezar, creer en sus mentiras. Porque en su corazón sabe que el pasado es lo único que tiene. Cuando llega la salvación, el dominio de Satanás queda atrás. Y su única esperanza es hacernos *pensar* que seguimos cautivos. Ya no puede tener nuestra alma, pero puede hacernos sentir deprimidos y que seamos inefectivos como hijos de Dios.

No se lo permitas. No dejes que llene tu mente con duda y confusión, con pensamientos de pecados pasados, pecados que Dios eligió olvidar. Pecados que debemos olvidar antes de poder avanzar realmente.

Esto es lo que separa a la gente como Alberto de tantos otros que aceptan a Jesús. Ésa es la diferencia entre nuestros Doce Discípulos y tantos otros chicos que llegan a Cristo. ¡Es la diferencia entre las masas que siguen a Cristo y los pocos seguidores que viven cada día con ardiente pasión por Jesús! Han hecho más que aceptar la salvación: han *abrazado* un futuro completamente nuevo. Han decidido perdonarse a sí mismos y mirar hacia delante.

Miran al calabozo de la nada y ya no se ven a sí mismos, sino solamente a los que siguen atrapados allí adentro: quienes necesitan la salvación que ellos mismos han encontrado. Y sus corazones arden únicamente con compasión, no con lamentaciones.

El perdón es un beso suave y tierno desde el cielo. Es Dios quien apoya sus labios contra un corazón roto, y con su beso borra el dolor, la pena, la vergüenza. Borra para siempre el dolor. Toma un corazón lleno de dolor y lo reemplaza por un corazón nuevo lleno de esperanza, gozo y amor. Un corazón que late fuerte y fiel a la música del cielo. Un corazón sin pasado, con solamente un futuro brillante y glorioso.

Deja que Dios bese tu corazón y lo haga nuevo. No vivas un día más lamentándote. No permitas que Satanás te robe un momento más del futuro susurrando en tu oído recuerdos olvidados.

Abraza tu nuevo corazón, tu nueva vida en los brazos de Jesús. Ven a Él. ¡Permite que tome tu medida de fe y haga de ti una nueva criatura!

CAPÍTULO 8

DE LA LUNA AL GUETO

En mi oficina, tengo una foto muy cercana a mi corazón. Es un retrato del fallecido Coronel Jim Irwin, uno de los últimos astronautas que caminaron sobre la luna. Está parado allí, en la luna, junto a una bandera de los EE.UU. En la foto, Jim escribió: *A mi hermano, Nicky. De las profundidades del gueto a las alturas de la luna ¡Jesús nos ha tocado y nos hizo hermanos! 29 de julio de 1989.* Debajo firmó: *Jim Irwin, Apolo 15.*

Jim era uno de mis amigos más queridos, un verdadero hermano en el Señor, y lo echo mucho de menos. Dios nos reunió hace muchos años para enseñarme una importante lección sobre vivir con pasión. Un tipo diferente de pasión.

CÓMO LLEGUÉ A CONOCER A UN ASTRONAUTA

Conocí a Jim cuando estaba viviendo en Carolina del Norte. Hace años, Gloria y yo pasamos más de ocho años en Raleigh, donde abrimos varios centros para chicas adolescentes, la mayoría había escapado de sus hogares y eran adolescentes embarazadas que no tenían adónde ir. A Gloria le gustaba mucho Raleigh, y no la alegró oír que Dios me estuviera llamando a Colorado Springs. Fue una decisión dura y un tiempo difícil para nuestra familia, pero el llamado era muy claro.

Jim se enteró de que nos mudaríamos a su ciudad de Colorado Springs, así que nos llamó un día para darnos la bienvenida como vecinos. Todavía recuerdo que me sentí intimidado al hablar por teléfono con él por primera vez. Este hombre había caminado sobre la luna: era un verdadero astronauta. Una leyenda viviente. Y yo era un chico pobre de Puerto Rico, un ex líder de pandilla convertido en evangelista. *¿Qué había hecho yo para merecer tal honor?* Todavía no lo sé. Pero me alegro de su llamado porque fue el comienzo de una amistad larga y bella.

La primera vez que Gloria y yo cenamos con Jim y su esposa, Mary, supimos que teníamos una conexión profunda. Era como si los hubiésemos conocido desde hacía años. Jim y Mary eran personas con quienes uno se sentía cómodo, tan cariñosos y gentiles. Gloria y Mary pronto se hicieron muy amigas, y Jim y yo simplemente no podíamos pasar mucho tiempo sin vernos. Hay parejas que oran por ese tipo de conexión del alma con otras parejas, pero jamás esperamos que sucediera entre nosotros y una figura tan legendaria.

Quienes hayan seguido la carrera de Jim saben que era un deportista ávido, un hombre que disfrutaba del aire libre. Yo nunca había conocido a alguien así. Sentía pasión por escalar montañas y tenía como meta encontrar los restos del arca de Noé sobre el Monte Ararat. Dirigió varias expediciones a Turquía para escalar la montaña buscando el arca. Su primer intento fue en 1982. Su equipo llegó a la cima del Ararat y regresó sin haber visto el arca, aunque él estaba convencido de que allí estaba. En 1983, lideró a un equipo que sobrevoló la región, sin encontrar nada aún. Pasamos muchas horas hablando de esto, y yo sabía que se sentía muy desilusionado por no haber podido ver el arca.

¡Imagine a un hombre que pisó la luna, sintiendo desilusión porque no ha logrado algo! Así era Jim. Siempre buscaba ir más alto, siempre quería hacer más, dejar un legado más grande, vivir cosas más grandes. Por eso lo queríamos tanto.

Y consideraba la fe de la misma manera. No importa cuánto hiciera por el reino, siempre quería hacer más, llegar a más personas, ser un testigo de Jesús más eficaz. Dondequiera que fuese, compartía su fe y jamás se sintió intimidado. Mientras estaba yo en el gueto testificando a los miembros de las pandillas, Jim asistía a cenas de alto nivel con presidentes, reyes y diplomáticos. Y hacía lo mismo que nosotros: dar testimonio de Jesús. Dondequiera que viajara, llevaba una pila de Biblias y las repartía en toda oportunidad posible. Una vez se reunió con Mikhail Gorbachev, para ese entonces el presidente de la Unión Soviética, y en la cima de su popularidad. Jim pasó todo su tiempo con él hablándole de Jesús. Le preguntó si podía orar con él y le dejó una Biblia. Como testigo, era el más valiente que he conocido.

Una vez me dijo: "Ojalá pudiera testificar como tú". Su comentario me dejó atónito. Lo miré y dije: "¿Estás bromeando? ¡Ya quisiera yo tener tus agallas!".

CAER DE UNA MONTAÑA

Recuerdo que programé una gran cruzada en Colorado Springs y le pedí a Jim si quería dar su testimonio en el evento. Aceptó de buena gana y fijamos una fecha. Era en 1982, y estaba planeando su primera escalada al Monte Ararat en Turquía, pero me aseguró que estaría de regreso a tiempo.

Unos días antes de la fecha pactada, me enteré de que algo había salido mal en la expedición de Jim. Nadie parecía saber con certeza qué había pasado, pero supimos que Jim se había caído durante el descenso y que sus lesiones eran serias. Supe que habían llevado a Jim a un hospital de Turquía. Hice numerosas llamadas para saber cómo estaba, para saber si estaba vivo todavía, pero no pude obtener mucha información. Me sentía enfermo del estómago ante la idea de que mi amigo estuviera grave.

Nuestra cruzada se llevó a cabo tres semanas después de su accidente, y supuse que no llegaría. Pero jamás olvidaré el día del evento. El coliseo estaba repleto, y me puse de pie para hablar. De repente, por el rabillo del ojo, vi que alguien caminaba hacia mí por el escenario. ¡No pude creer lo que veía! Era mi amigo Jim.

Tenía un enorme vendaje que le cubría un lado de la cabeza, y se podía ver en el cuero cabelludo que había sufrido lesiones serias. No recuerdo cuántos puntos le habían dado, pero habían tenido que afeitarle la cabeza, y la herida cruzaba de lado a lado. No pude contener la risa.

Allí, frente al micrófono, anuncié: "Damas y caballeros, permítanme presentarles al Coronel Jim Irwin, el astronauta". Se acercó a mí, con ese enorme vendaje en la cabeza y su cicatriz a la vista. De repente, tomó algo del bolsillo. Un par de tijeras. Sosteniéndolas en alto dijo: "Estaba atrás del escenario, cortándome el cabello. Creo que no lo hice bien". La multitud prorrumpió en carcajadas.

Habló durante unos siete minutos, y el público quedó subyugado por su testimonio. Jim era un orador poderoso, muy suave al hablar en persona, pero dinámico ante una multitud. Muchos pasaron al frente a recibir a Cristo ese día: jóvenes que hoy son abogados, médicos y líderes en sus comunidades.

Recuerdo haberlo visto orar con quienes pasaron al frente esa noche. Lloró con ellos, los abrazó, sintiendo sincero dolor por quienes necesitaban a Jesús. Su corazón era tan grande y genuino como la luna sobre la que había caminado.

Un largo descenso

Muchas veces, Jim trataba de convencerme de que escalara montañas con él. Yo le respondía: "Soy un corredor, no un escalador. Me gusta sentir tierra firme y plana bajo mis pies". Pero él insistía.

Hasta que un día llamó a mi puerta a las seis de la mañana, y despertó a toda la familia. Allí estaba, con su short deportivo. Dijo: "Bien, Nicky. Durante dos años te he estado persiguiendo y no voy a aceptar un no como respuesta. Hoy vamos a escalar el Monte Pikes. Ponte el short; te espero en el auto".

Pensé que bromeaba. "¿De qué estás hablando?", dije. "Te dije que soy corredor, no escalador." Bromeamos juntos, pero pronto entendí que no se iría sin mí. Estaba decidido a lograr que escaláramos juntos el monte Pikes ese día. Así que tomé mi short y fui con él.

Ese día fue uno de los que más atesoro en mi memoria. Durante el ascenso, Jim y yo conversamos y bromeamos todo el tiempo. Varias veces nos detuvimos para apreciar la belleza que nos rodeaba. Hablamos, oramos y compartimos muchos pensamientos y sueños. Jim compartía conmigo cosas privadas que eran especiales y transparentes, cosas que me llevaré a la tumba. Cosas de las que volveremos a hablar algún día en el cielo.

Cerca de la mitad del camino, repentinamente me asaltó una idea. "Jim", pregunté. "¿Cómo vamos a bajar desde la cima? ¿Nos espera alguien allí?"

"No te preocupes", respondió. "Ya tengo todo calculado."

No resultaba muy convincente, pero lo dejé pasar. Más tarde volví a mencionarlo. "¿Estás seguro de que habrá alguien allí?", pregunté. "Es un camino muy largo y no quiero volver a pie."

"No te preocupes, Nicky. Ya está todo arreglado."

Su sonrisa de oreja a oreja, de gato Cheshire parecía indicar otra cosa, pero nuevamente lo dejé pasar. El cielo se estaba nublando, y me preocupaba saber si lograríamos volver antes de la tormenta.

Cuando llegamos a la cima, el cielo estaba de color gris plomo, oscuro, con nubarrones espesos. Cayeron unas gotas sobre mi cabeza. Tomamos rápidamente unas fotografías desde la cima, miré a mi alrededor, dijimos una breve oración y le pregunté: "¿Dónde está el vehículo que nos llevará hasta abajo?".

"Sígueme", dijo.

Caminó hacia la ruta del lado opuesto de la montaña, y se plantó en una esquina donde pasaban los autos hacia abajo. Y allí hizo señas con el pulgar. No podía creer lo que veía. ¡Quería hacer autoestop [pedir aventón] para bajar la montaña!

"¿Jim, estás loco? ¡No voy a hacer autoestop!"

Me sonrió de oreja a oreja. "Está bien. Pero es un camino muy largo. Te veo abajo entonces."

Intenté convencerlo, pero nada sirvió. Ofrecí llamar a Gloria, pero ya eran casi las cinco de la tarde y para cuando llegara, estaría muy oscuro. Ahora llovía mucho y pronto comprendí que sólo había una manera de volver.

Allí estábamos, el predicador y el astronauta, empapados de pies a cabeza, con los pulgares al aire y rogando con la mirada que alguien nos llevara montaña abajo. Era digno de verse.

Nadie parecía querer llevarnos. Parecíamos un par de mendigos, vestidos con shorts y sudaderas, con el cabello con agua a chorros. Después de un rato, Jim decidió ser un poco más agresivo. Vio que se acercaba un auto y se paró delante. El auto se detuvo y vi adentro dos mujeres con expresión de pánico en el rostro. La conductora bajó la ventanilla para ver qué quería Jim, y cuando lo vio tan sucio, cerró la puerta con traba y subió el vidrio. "Aléjate, sucio pervertido", gritó antes de acelerar para alejarse lo más rápido posible. Reí tanto que me dolía el cuerpo.

"Jim Irwin… el astronauta pervertido", lo llamé. Esto se convirtió en una de nuestras bromas privadas.

Finalmente, nos levantó un joven en una camioneta, pero teníamos que ir detrás, en la caja, con su perro. Era un camino largo y con muchas sacudidas, pero nos divertimos en grande. Fue uno de los días más memorables de mi vida, y lo atesoraré en mi corazón para siempre.

Abatido en tierra

Me encontraba hablando en Ontario, California, cuando recibí una llamada de mi esposa Gloria. Apenas podía articular las palabras. "Nicky, Jim ha sufrido un ataque al corazón", me dijo sollozando. No recuerdo la conversación, sino que inmediatamente comencé a hacer planes para volar a Colorado al día siguiente.

Llegué al hospital por la noche, pero las enfermeras no me permitieron entrar a verlo. Intenté convencerlas, pero dijeron que solamente se permitía entrar a familiares. Gloria y yo hicimos lo que pudimos por consolar a Mary. "Ha estado pidiendo verte", me dijo.

De algún modo, Mary logró convencer a las enfermeras para que me dejaran entrar en la habitación de Jim, y yo no estaba preparado para lo que encontré. Estaba en la cama con mucho tubos y cables conectados, indefenso, blanco como una sábana, como un fantasma. Hablaba con las enfermeras, pero lo que decía no tenía sentido. El dolor de ver a mi amigo tan débil y frágil me sobrecogió. Me esforcé por mantener la compostura, sobre todo por Mary. El ataque al corazón realmente había sido un duro golpe al cuerpo de Jim.

Intentó levantarse de la cama cuando me vio entrar. Estaba desorientado y pensaba que había ido allí para salir a correr con él. "Nicky", dijo, "has venido para escalar el monte Pikes conmigo. Estaré listo en un minuto".

Las enfermeras lo sujetaron y le explicaron que debía quedarse en la cama. Le tomé la mano y permanecí junto a él. "Iremos a escalar cuando estés mejor", le dije luchando por contener las lágrimas. "Quédate aquí y descansa, Jim."

Oré con él, estuve allí durante unos minutos y luego lo dejé para que pudiese dormir. Ver a Jim en esa cama de hospital como un niño perdido, débil, enfermo y desorientado, es un recuerdo que me persigue. Siempre estuvo tan lleno de vida y energía, siempre moviéndose, escalando, riendo. Su enfermedad le había quitado toda la energía. En mi corazón, oré porque Dios le devolviera la salud a Jim, pero sentía que sus días en la tierra estaban llegando a su fin.

PERDER A UN AMIGO

Varios meses después, Jim salió del hospital y estaba mejor aunque seguía débil y frágil. El ataque al corazón había provocado más daño de lo esperado. Seguía conectado a un monitor y le costaba respirar. Sin embargo, su pasión por el aire libre no había disminuido, y me recordaba una y otra vez que había prometido escalar el monte Pikes con él. "Cuando estés mejor, Jim", le decía yo.

Finalmente ya no pude postergarlo más. Seguía insistiendo en que quería escalar, por lo que acordé acompañarlo, más que nada para evitar que fuera solo y se hiciera daño.

Comenzamos muy lentamente, un paso a la vez. Jim seguía conectado a un monitor cardíaco y yo oía el zumbido y los tonos de alerta mientras subíamos la montaña. No pudo ir muy lejos antes de necesitar un descanso. Nos sentamos sobre una roca para conversar y reírnos, como lo habíamos hecho tantas veces en el pasado. El paisaje era imponente y él lo apreciaba como un niño, como si estuviera viendo la belleza de la creación de Dios por primera vez. "Mira el atardecer sobre la montaña", decía con los ojos abiertos como platos. Luego sostenía una flor en la mano y estudiaba los pétalos con asombro.

Compartimos tantas cosas privadas ese día. Compartimos nuestros corazones, nuestros defectos, nuestras penas y nuestras mayores alegrías. Oramos juntos varias veces y agradecíamos a Dios por nuestra amistad y las bendiciones que nos había dado en la vida. Era como si Jim supiera en su corazón que ésta sería su última vez sobre la montaña. Como si supiera que Dios pronto lo llevaría a casa y quería despedirse de la montaña que amaba y de los amigos que dejaría detrás.

Llegamos solamente a mitad de camino antes de tener que iniciar el descenso. Me sorprendió lo bien que se sentía Jim a pesar de su condición. Pero era igual de triste ver lo dificultoso que le resultaba.

Unos cinco meses más tarde, en julio de 1991, estaba hablando en una cruzada de la Costa Este cuando me enteré de que había fallecido. Enseguida reservé un vuelo para ir a Colorado. El día que Gloria y yo fuimos al funeral para estar con Mary y despedir a Jim fue uno de los momentos más difíciles de mi vida. Jim quiso un funeral con el cajón cerrado, así que solamente su familia pudo verlo, pero Mary quería que Gloria y yo la acompañáramos. El dolor de ver a mi buen amigo en el ataúd era insoportable. Pocas veces, mi corazón ha estado conectado con otra persona como lo estuvo con Jim, y lloré amargamente allí, junto a su cuerpo.

Mary me pidió que hablara en el funeral, y acepté aunque me preguntaba si podría hacerlo. Los Irwins asistían a la misma iglesia a la que íbamos Gloria y yo, Radiant Church, por lo que sugerí que nuestro pastor, el reverendo Don Steiger, oficiara. Mary pensó que a Jim le gustaría eso.

Gloria, Mary y yo estuvimos a solas con Jim. Y oramos y nos abrazamos. Me incline y besé a Jim en la frente por última vez. "Gracias, por ahora", le dije a mi amigo.

DECIR ADIÓS

Más de mil doscientas personas vinieron al funeral de Jim al día siguiente. Nunca había visto yo a tantas celebridades y dignatarios en un funeral. Había senadores, congresistas y muchas otras figuras políticas y famosas. Diez compañeros astronautas estaban allí para decirle adiós a su amigo. Parecía irónico que Jim hubiera sido el último astronauta en ir a la luna y el primero de ellos en morir. Fue el primero en llegar al cielo. Finalmente Jim había ido más allá de la luna.

La iglesia debió cerrarse para que no entraran los medios de prensa, para mantener la tranquilidad. He hablado en distintos funerales, pero nunca me costó tanto pronunciar las palabras. Intenté poner un poco de humor en la situación como sé que le habría gustado a Jim, pero me costaba vencer la tristeza. Hablé de las muchas aventuras que habíamos compartido. La gente rió mientras les contaba de nuestra primera escalada al monte Pikes y del autoestop del descenso. Les recordé que Jim no se había ido, sino que había pasado de esta vida a su hogar eterno, y que todos podríamos volver a verle algún día. Sin embargo, a pesar de mis propias palabras de aliento la muerte de Jim fue muy difícil. Apenas pude terminar mi panegírico.

Cuando terminé de hablar, no sentía ganas de mezclarme con la multitud, así que salí por la puerta trasera, y subí a mi auto para dar un paseo. Unos nubarrones negros cubrían el cielo y comenzó a llover suavemente mientras conducía por las solitarias calles de la ciudad, con los limpiaparabrisas yendo y viniendo ante mis ojos. Mi corazón se sentía tan triste y oscuro como el clima. Era como si Dios estuviera llorando conmigo, con sus lágrimas cayendo desde el cielo sobre los que Jim había dejado atrás.

Mientras conducía no sabía si quería ir a casa, mi oficina o simplemente seguir conduciendo. Me sentía solo, sin rumbo, perdido por haber perdido a mi amigo. Comencé a hablar con Dios. "Me hace falta Jim", dije. Sé que llegará el día en que Jesús volverá, en que todos pasaremos por una resurrección. Sé que volveré a verle y que estaremos junto contigo en el cielo. Pero en este momento, estoy muy triste. Por favor, ayúdame a pasar este momento, Dios."

En ese momento, sentí que Dios le hablaba a mi espíritu. *Jim está en mis manos,* me dijo. *Volverás a verlo. Serán días felices. Estarán reunidos otra vez.* Era una idea consoladora, y fue lo único que me ayudó a pasar esa noche.

Con Jim murió una parte de mí. Siempre lo llevaré en mi corazón.

UNA PASIÓN RESERVADA

Dios trajo enormes bendiciones a mi vida a través de mi amistad con Jim Irwin, quien me enseñó muchas lecciones. Aprendí lo que puede ser la verdadera amistad y cuánto necesitamos en nuestra vida personas con quienes compartir, ministrar y relacionarnos en un nivel profundo y significativo. Jim y yo habíamos compartido una conexión del alma. Una conexión del corazón y el espíritu. Éramos hermanos, espiritual y emocionalmente. Dos creyentes con almas obsesionadas, cada uno tan entusiasmado por ser usado para el servicio de Dios.

Aunque había estado ministrando durante casi toda mi vida, aprendí más sobre evangelismo con Jim de lo que habría aprendido de mil cruzadas evangelísticas. Me enseñó que la mejor manera de llegar a las personas es simplemente amándolas. Riendo y llorando con ellas. Sonriendo con ellas y mostrándoles que te importan. Abrazándolas y llamándolas amigos.

Jim tenía una personalidad contagiosa y un genuino amor por las personas, por todas las personas. Nunca se veía a sí mismo como un astronauta importante, sino como un hombre sencillo que intentaba vivir una vida buena. Y aunque era extremadamente brillante e intelectual, nunca intimidaba a las personas. Era muy carismático y accesible.

¡Y que suave era! Muy refinado, completamente lo opuesto a mi propia personalidad. Cuando se trata de compartir mi fe, soy una especie de "luchador" evangelístico. No me guardo nada, y a veces puedo parecer un poco intimidante. Jim no era así. Era suave y nunca confrontaba. Encantaba a cualquiera en minutos, y compartía su fe con calma y facilidad.

Muchas veces lo invité a venir conmigo para testificar en los barrios más difíciles de la ciudad y nunca me decepcionó. Vio a muchos jóvenes llegar a Cristo y siempre encontraba tiempo para sentarse y conversar u orar con un adolescente o una madre que sufría. Y sentía verdadero amor y compasión por las personas, por todas las personas. Nunca despreciaba a nadie, nunca se consideraba demasiado bueno o importante como para dar una mano a alguien que lo necesitara o brindar un hombro donde los demás pudieran llorar.

Jim permitía que Cristo viviera a través de él. Ése era el secreto de su efectividad. Por eso lo amaban tanto todos. Y por eso no puedo esperar para llegar al cielo y escalar otra montaña junto a mi buen amigo Jim.

Lo más importante

La historia recordará a Jim como el gran astronauta que caminó por la luna, pero no es así como se le recordará en el cielo. En el cielo, se conocerá a Jim como este hombre calmado que utilizaba la influencia que Dios le había dado para impactar la vida de otros. Se lo conocerá como el padre espiritual de muchas almas que encontraron su camino al cielo a causa de su espíritu humilde y su disposición para compartir su fe en cada oportunidad.

Esto es lo mejor de seguir a Jesús. No hace falta ser rico, famoso, y ni siquiera un gran evangelista para tener impacto en el mundo. Solamente hay que estar dispuesto a dejar que Dios te use. Hay que estar disponible cuando Dios necesita a alguien que le sirva para enseñar, tocar o ayudar a otra persona en su nombre. Solamente hace falta estar allí. Cualquiera de nosotros puede hacerlo.

CAPÍTULO 9

UNA MISERICORDIA SILENCIOSA

Fue la pasión de Jesús lo primero que me atrajo a la fe. Sin embargo, es su incomprensible misericordia y compasión lo que me mantiene cautivado en su presencia. Cuando leo los relatos de cómo trataba a las personas durante sus días en la tierra, de cómo amaba a sus discípulos y cuidaba de ellos, cómo sanaba y alimentaba a las multitudes que lo seguían, cómo fue a la cruz para mostrar su amor por toda la humanidad, me siento humillado y hasta anonadado por su gracia.

A Jesús se le define más claramente por la compasión que mostraba por los demás. Y el objetivo de todo creyente debe ser vivir con esa misma clase de misericordia y amor. La clase de misericordia que Dios muestra a su pueblo cada día. La clase de amor que desafía la lógica y el entendimiento humano.

Entendí esa verdad de la manera más impactante hace muchos años durante una cruzada en Polonia.

Un hermoso regalo

El régimen comunista todavía estaba en el poder en ese tiempo, en lo más alto de su fuerza y popularidad, y Polonia no era amigable para los extranjeros que quisieran compartir su fe. Pero por alguna razón fui invitado a hablar allí varias veces, incluso por el gobierno. Había en mi testimonio algo que los conmovía. Los comunistas conocían mi historia y estaban asombrados de que alguien pudiera salir de las alcantarillas como yo lo hice. Yo sabía que solamente por la gracia de Jesús seguía vivo, pero ellos no entendían estas cosas. Lo único que veían era a un pobre muchacho del gueto que había hecho algo de sí mismo y les intrigaba esta dinámica. En realidad, simplemente Dios estaba obrando en sus corazones, utilizando mi pasado para abrir sus mentes a la verdad, y, por mi parte, yo agradecía la oportunidad de poder enseñarles.

Había oído muchas historias de lo fríos y descorazonados que podían ser los líderes comunistas, y había mucho de verdad en eso. Sin embargo, siempre los encontré abiertos y cálidos. A veces me preguntaba si sería mi origen latino lo que les fascinaba. O quizás el hecho de que hubiera sido un gángster y líder de una pandilla. Lo que fuera, me había ganado el cariño de ellos, y me trataron con mucho respeto cada vez que fui a hablar allí.

En esta ocasión en particular, había sido invitado por el alcalde para hablar en uno de los estadios más grandes de Polonia. Desde el momento en que llegué, observé que unas personas me seguían adonde fuera, tres en particular. Eran agentes de la KGB. Descubrí que a los comunistas, aunque les gustaras, les seguía siendo difícil confiar en ti, por lo que siempre vigilaban a los visitantes.

Noté que una de estas personas era una mujer cubana. Obviamente querían asegurarse de que Gloria y yo no compartiríamos secretos en español. Dondequiera que fuéramos, estos tres nos seguían de cerca. Trataban de mantenerse a cierta distancia, pero yo sabía que estaban allí todo el tiempo. Hasta bromeé con la mujer una vez. Me volví hacia ella y le dije en español: "Espero que no te aburras siguiéndonos. Recuerda que Jesús te ama". Creo que la sorprendí.

La noche del evento no podía creer lo repleto que estaba el estadio cuando llegué. Miles de ciudadanos polacos asistían al evento. El gobierno esperaba que yo les hablara para infundirles ánimo, explicando cómo había logrado resurgir de la pobreza y que los alentara a mirar el lado positivo de la vida, a pesar de su situación modesta y la falta de alimentos y ropas. Pero Jesús y yo teníamos otros planes. Yo iba para compartir el evangelio con cada fibra de mi ser, sin guardarme nada. Ellos querían conocer el secreto de mi éxito y yo tenía toda la intención de explicarlo. ¡Era Jesús, no yo!

Antes de subir al escenario me tome unos minutos para orar a solas. "Jesús", dije, "en unos momentos, voy a salir allí esta noche a hablar de tu amor y perdón como nunca antes. Voy a testificar de ti tan poderosamente como nunca he testificado. Pero no puedo hacerlo solo. Necesito tu ayuda. Sólo tú puedes tocar los corazones de estas personas preciosas y perdidas. Sólo tú puedes llevarlos a la salvación. ¡Úsame Señor! Ayúdame a compartir mi corazón y mi testimonio. Muéstrales tu gracia y bondad".

Esa noche derramé mi corazón sobre el escenario. Les dije que sin Jesús probablemente habría terminado muerto en una alcantarilla del gueto. Que mi vida no tenía sentido ni esperanzas sin el amor y la misericordia de Dios.

Les hablé de mis días en las calles de Nueva York; que robaba para conseguir comida y techo, y vivía día a día como un animal. Les hablé de la violencia que había visto y había infligido en otros. De la pobreza y la injusticia en los barrios bajos de la ciudad. Y de la vergüenza que sentía por causa de los días de delincuencia de mi juventud.

Luego les hablé de mi madre, de cómo había pasado la mayor parte de su vida esclavizada por Satanás, atrapada en el mundo de lo oculto. De cómo al fin había entregado su vida a Jesús y cambiado su futuro para siempre. De cómo ella una vez sirvió como hija del diablo, pero terminó sus días al servicio del único y verdadero Dios del universo. De cómo había podido hacer un fuerte impacto para Jesús durante sus últimos años en la tierra. De cómo había ayudado a mi padre a llegar a Jesús antes del fin de su vida.

Luego les hablé del día en que mi madre y yo hicimos las paces con nuestro pasado: el día en que me pidió perdón por el abuso y el abandono al que me había sometido durante mi niñez. El día en que la perdoné y ella aceptó a Jesús como su Salvador. El día en que Jesús rompió para siempre la maldición de nuestra familia.

Cuando terminé, les pedí que entregaran sus vidas a Jesús. "Ustedes conocen lo que es la pobreza", les dije. "Muchos de ustedes hoy están viviendo como yo vivía antes. Están solos y tienen miedo. No siempre saben de dónde vendrá su próxima comida. Se sienten como un animal, viviendo sin rumbo día a día. Sin embargo, la vida no tiene por qué ser de esa manera. Dejen que Jesús les dé un propósito. Dejen que él les dé una razón para vivir, una razón para seguir viviendo. Dejen que Jesús entre en sus corazones y los cambie para siempre, que les dé un nuevo corazón y una nueva mente. Un nuevo rumbo. ¡Dejen que Jesús los salve!"

El hombre que ese día traducía mi discurso era extremadamente culto, un científico polaco, y pude ver que le costaba mantener la concentración. Varias veces lo miré y vi que tenía los ojos llenos de lágrimas. Se esforzaba por mantener la compostura, pero cuando relaté la historia de mi madre tuvimos que detenernos. Él se inclinó y comenzó a llorar incontrolablemente. Fue un momento incómodo y yo no estaba seguro de qué hacer.

Me acerqué al hombre y puse mi mano sobre su hombro. "¿Está usted bien?", le pregunté. Me dijo: "Nunca antes había oído una historia de perdón como ésa. Lo lamento, Nicky. Estaré bien en un minuto".

El estadio quedó en completo silencio. La gente se sentía tan conmovida por la reacción del intérprete que muchos comenzaron a llorar, y fue la primera vez que recuerdo haber tenido que detener un servicio para que el traductor pudiera recomponerse. Su respuesta tocó mi corazón y comencé a llorar con él. Estuvimos en silencio sobre el escenario durante un largo rato. Luego le palmeé la espalda y susurré: "Debemos terminar ¿crees que puedes seguir?". Se secó los ojos, asintió, y luego siguió traduciendo.

Invité a la gente a pasar al frente y aceptar a Jesús, y nadie estaba preparado para la respuesta que obtuvimos. Como un maremoto, el Espíritu del Señor cayó sobre la multitud y trajo convicción a la gente. El episodio del intérprete había resonado en la muchedumbre. Dios utilizó su corazón para traer un espíritu de quebrantamiento sobre la multitud. En todo el estadio, la gente se ponía de pie para avanzar por los pasillos y venir al frente. En cualquier dirección que mirase, había masas viniendo hacia nosotros. Pocas veces he experimentado tal demostración de remordimiento y arrepentimiento en una multitud. ¡Tanta urgencia! ¡Tanta pena y vergüenza! Venían con lágrimas, abriéndose camino para avanzar. Supe que estaban respondiendo a las conmovedoras lágrimas del intérprete tanto como a mi testimonio. El fue el ungido esa noche.

Venían tantas personas que yo no sabía si habían entendido lo que les estaba pidiendo. "Quiero que todos se detengan durante solamente un momento", dije. "Por favor, deténganse durante unos segundos dondequiera que estén."

Esperé hasta que todos se hubieron detenido y dije: "Quiero asegurarme de que entienden el compromiso que están asumiendo al venir al frente. No estoy pidiéndoles que vengan si sienten pena. Estoy pidiéndoles que vengan solamente si quieran entregar su vida a Jesús. Estoy hablando de abrir su corazón y su alma completamente a Dios. Están haciendo un compromiso para toda la vida. Jesús quiere que se aparten del pecado durante el resto de su vida. No vengan si no están dispuestos a hacer eso. No vengan para impresionar a sus amigos o para hacer que yo me sienta bien. Vengan solamente si están dispuestos a entregarle a Dios el resto de su vida, a cambiar la forma en que viven, a entregar completamente su corazón a Jesús".

Volví a invitarlos y nadie se sentó. La gente venía desde cada rincón del estadio. La mitad de los asientos estaban vacíos. Fue el llamado al altar más impactante que haya vivido.

Ese día, más de diez mil personas asistieron al evento y hubo entre ellas más de seis mil que dieron un paso al frente para convertirse. Los pocos obreros que teníamos estaban completamente abrumados y nos quedamos hasta muy tarde tratando de ministrarlos a todos. Fue una poderosa noche en la presencia de Dios. El Espíritu Santo había obrado extraordinariamente en los corazones de los que habían venido al frente.

Yo me sentía flotar en el aire durante toda la experiencia. No hay nada que dé más gozo a mi corazón que ver a la gente entregar su vida y venir a Jesús. Nada llena mi vida con mayor placer.

Gracias, Jesús, oré en silencio. *Gracias por tan poderosa demostración de tu amor y perdón. Gracias por obrar tan extraordinariamente entre nosotros.*

Me conmovió tanto la respuesta del intérprete que más tarde fui con él al parque para conversar. No podía creer lo sincero y amable que era, un hombre cálido y gentil. Un hombre piadoso. Me dijo cuánto amaba al Señor y lo difícil que era vivir en Polonia bajo la persecución del gobierno. Me dijo cuánto lo había conmovido mi testimonio. En un momento, dejó de hablar y señaló a los agentes de la KGB que nos seguían. "Por eso no puedo hablar mucho contigo", susurró. "No puedo compartir lo que hay realmente en mi corazón." Me apenaba mucho ver que sufriera tanto, que tuviera que vivir bajo tal escrutinio y atadura.

Antes de dejar Polonia, dos de los agentes de la KGB se acercaron a mí para hablar del Señor. Me sorprendió que lo hicieran en público, pero como querían saber más de Jesús les hablé. Allí, abiertamente, oré con ellos y los guié a la salvación. Nunca olvidaré lo entusiasmados que estaban. "Gracias", me decían todo el tiempo.

Todavía recuerdo ese viaje como uno de los momentos más destacados de mi ministerio, una de las más preciosas ocasiones para evangelizar que haya vivido jamás. Fue como si Dios me diese un regalo que pudiera atesorar siempre. Un regalo, quizá con el propósito de alivianar el golpe de lo que vendría.

Noticias desagradables

Desperté temprano la mañana después de la cruzada. Todavía me sentía flotar en una nube de entusiasmo, y decidí salir a correr por las calles de Polonia. Me vestí con ropa deportiva y me cubrí los oídos con los auriculares de mi Walkman. Bajé en el ascensor, salí por la puerta delantera del hotel y comencé a caminar por la calle. Era una mañana hermosa, fresca y llena de vida. Era agradable sentir el aire frío contra mi rostro mientras corría por las calles sucias y descuidadas hacia las afueras de la ciudad.

Tenía pensado correr unos quince kilómetros, mi rutina habitual, pero como a los cinco kilómetros algo se apoderó súbitamente de mi espíritu. Percibí que Dios me llamaba, que quería hablarme. Me quité los auriculares y comencé a orar: *¿Hay algo que quieras que yo sepa, Jesús?*

Durante un rato no oí nada, no sentí nada y me pregunté si solamente me estaba dejando llevar por el entusiasmo de la noche anterior. Así que seguí corriendo y disfrutando del paisaje. Luego, de repente, ese sentimiento volvió. Mi espíritu se sentía incómodo y me pregunté si Dios estaba intentando darme un mensaje. Seguí corriendo, orando y meditando. De repente, le dije a Dios en mi espíritu, *¿Vas a llevarte a mi madre, Señor? ¿Es su hora?*

Aunque la idea dejó mi mente, percibí que Dios le hablaba a mi espíritu. *Sí, Nicky, me llevaré a tu madre. La traigo conmigo a su hogar. Le ha llegado la hora de descansar.*

Las lágrimas caían a torrentes por mis mejillas. La tristeza me abrumaba completamente y no podía dejar de llorar. Interrumpí mi rutina de ejercicio y volví al hotel para decirle a Gloria lo que había sentido que el Señor me decía.

Mi madre estaba viviendo en Connecticut entonces, e inmediatamente llamé a mi hermano para preguntar cómo estaba. "Mamá no está bien. Tendrías que venir a verla", me dijo.

Recuerdo haberle rogado al Señor que, por favor, me permitiera ver a mi madre antes de que falleciera. Había recibido un telegrama de parte de mi hermano que decía que ella quería verme, y no podía soportar la idea de que se fuera sin verla por última vez. Le dije a Dios: "Sé qué tengo que quedarme y terminar mi trabajo aquí, pero por favor no permitas que mi madre se vaya antes de que pueda verla". Pero no recibí respuesta.

Terminé mi cruzada en Polonia y enseguida reservé un vuelo de regreso a Nueva York. El vuelo se demoró varias horas y yo seguía preocupado porque no llegaría a casa a tiempo. Satanás estaba trabajando horas extras para impedirme ver a mi madre. Al fin, abordé el avión a Londres, pero el tiempo pasaba muy rápido.

Llegué a Nueva York tarde la noche siguiente, y de inmediato llamé a mi hermano para que viniera a buscarme y me llevara a Connecticut. "Sigue pidiendo verte, Nicky. Tienes que apurarte si quieres verla. No creo que dure mucho", dijo. Todavía tenía esperanzas de que llegaría a tiempo. Dios aún no me había dado una respuesta clara a mi oración.

Pero no pudo ser. Mamá murió esa noche antes de que yo llegara. Falleció apenas unas horas antes de mi llegada. Aunque estaba muy triste por no haber podido decirle adiós, sabía en mi corazón que estaba en buenas manos. Dios había traído paz a mi espíritu. Mamá estaba con Jesús. No entiendo por qué Dios no me permitió verla, pero sí sé qué tenía sus razones. Simplemente la entregué en sus manos, sabiendo que su alma estaba segura. Ése era todo el consuelo que necesitaba.

El viaje final

Aunque me fue muy difícil enterrar a mi madre, me encontraba completamente sobrecogido por la ternura que Dios me mostró durante el proceso. No solamente me dio de antemano una palabra para confortar mi espíritu, preparándome para su muerte, sino que me ministró durante los oscuros días que rodearon su funeral. En medio de mi pesar, sentí una indescriptible calma en el corazón. Saber que mi madre estaba con el Señor danzando con los ángeles, reunida con mi padre, descansando en los brazos de Jesús, llenó de gozo a mi alma.

Recordé la ocasión en que casi la perdimos, hacía ya más de veinticinco años, antes de que ella conociera al Señor, y agradecí a Dios por extender su vida, dándole muchos años más para servirle a Él. Recordé los días en que pudimos orar y reír juntos, disfrutar de nuestra nueva vida en Jesús, recuperar los años de abuso y odio perdidos desde mi infancia, los años que Satanás nos había robado.

¿Cómo podía agradecerle a Jesús por lo que nos había dado? Toda pena que sintiera empalidecía en comparación con la gratitud que tenía hacia Dios. Saber que mi madre estaba en el cielo era todo lo que quería o necesitaba.

Le compré el ataúd más lindo que pude encontrar, y saqué un boleto para volar con ella de regreso a Puerto Rico, para que estuviera enterrada en su tierra natal. Fue nuestro último viaje juntos: yo iba en el avión mientras ella iba con el equipaje. Fue un viaje triste y de introspección para mí. Pasé gran parte del tiempo hablando con mi madre, esperando que su espíritu pudiera oírme. Le dije: "Es nuestro último viaje juntos. Te voy a echar de menos. Gracias por ser una madre tan maravillosa. Estos últimos años han sido preciosos para mí. Agradezco a Dios porque llegó a tu corazón y nos unió otra vez. Pasamos muchos buenos momentos. Te amo mucho, Mamá. Y te veré pronto en el cielo".

GATEAR HACIA EL CORAZÓN DE CRISTO

Cuando pienso en lo compasivo y tierno que Dios fue conmigo durante ese tiempo, se me llenan los ojos de lágrimas. En un momento en que necesité consuelo, Él estuvo allí junto a mí, sosteniéndome y susurrando en mi oído: *No te preocupes. Tu madre está conmigo.* Encontré mayor refugio y solaz en los brazos de Dios de lo que podría haber encontrado en la tierra.

En mi hora de necesidad, me arrastré hacia el corazón de Cristo, y Él me abrazó como lo ha hecho siempre durante los momentos de soledad y oscuridad. Ésta es la relación que tengo con Jesús. Así es como me hace saber cuánto me ama, cuánto ama y cuida a los que dependen de Él, a los que lo aman y lo aceptan como su Hermano mayor.

Esto me recuerda a mis niños de pequeños. Había ocasiones en que mis hijos estaban jugando en la alfombra y se lastimaban un dedito. Comenzaban a llorar y yo me acercaba para ver lo que había sucedido. Me agachaba y extendía mis brazos: "Vengan con papá. Besaré su dedito para que ya no duela".

Inmediatamente gateaban hacia mí y se dejaban tomar en brazos. Ya en mi regazo, yo los abrazaba, besaba y consolaba.

"No se preocupen, susurraba en su oído. Papá está aquí. Todo estará bien."

En esos momentos, no sólo los abrazaba, los guardaba en mi corazón. Podían sentir el amor que tenía por ellos, el amor que sólo un padre puede sentir por sus bebés. Un amor que va más allá de lo explicable. Un amor que es verdadero, eterno e incondicional. Un amor que no conoce límites.

Así ve Dios a sus hijos. Cuando sufrimos, Él extiende los brazos hacia nosotros y dice: "Ven con Papá. Deja que bese tu lastimadura". Y lo único que tenemos que hacer es gatear hacia el corazón de Dios, y todo estará bien. Gozamos de completo acceso por su Espíritu. Él nos ama como solamente un Padre podría amar a sus hijos.

Ése es el tipo de relación que Dios quiere que cada uno de nosotros tenga con Él. Es la clase de Dios al que servimos. Su compasión va a lo más profundo, a lo ancho, no tiene límites. Su amor es tan real y vibrante como la niebla de la mañana o el cielo de la noche. "En ti, SEÑOR, me he refugiado, escribió David. ... Sé tú mi roca de refugio, adonde pueda yo acudir siempre ... del vientre materno me hiciste nacer. ¡Por siempre te alabaré!" (Salmo 71:1, 3, 6).

David entendía que sin la misericordia y compasión de Dios, su vida no valdría la pena de ser vivida. No sólo servía al Dios del universo; él tenía una relación real con un Padre amoroso, lleno de gracia. Esto es lo que lo destacó de los otros reyes y judíos de su tiempo. Es lo que ganó tan poderosamente el amor de Dios.

Y así quiere Dios que lo vean todos sus hijos.

Conoce a Dios por su poder y potencia, pero defínelo por su amor y misericordia. Porque así es como Él quiere que lo veamos.

CAPÍTULO 10

REFLEJOS DE JESÚS

Probablemente no habría notado a Jamie si ella no hubiera estado en medio de tantos hombres frente al escenario. Era joven, de unos quince años, y tenía la cabeza levemente inclinada, con los ojos fijos en el suelo. Su madre estaba detrás. Sentí que la niña había sido obligada a venir esa noche. Se podía ver en su mirada que no quería estar allí.

Acababa de llamar a la gente al altar en un evento que abarcaba toda la ciudad de Houston, Texas, y esa noche había hablado de la hombría de Jesús. Le dije a la multitud que Jesús era un "verdadero hombre", y no un debilucho como suelen pintarlo. Antes de llegar a Cristo, creía saber lo que significaba ser fuerte, pero no lo sabía. Por dentro, yo era un niño asustado. Pero Jesús me enseñó cómo ser responsable de mis actos, cómo ser verdaderamente un hombre. Arranqué la etiqueta de "debilucho" que solemos ponerle a Jesús, y el mensaje resonó entre la muchedumbre, especialmente entre los hombres de la audiencia. Por eso mi llamado al altar había convocado a tantos hombres a aceptar a Jesús como su salvador o a dedicar sus vidas a Dios de nuevo.

Y por eso también se destacaba Jamie tan definidamente. Era joven y hermosa. Y yo podía decir que estaba sufriendo. Me costaba leer su expresión. Cuando echó un vistazo en dirección a mí, sus ojos parecían huecos, fríos, distantes. Se veía enojada y avergonzada al mismo tiempo. Y era obvio que no confiaba en mí.

Avancé unos pasos y quedé cara a cara con ella. Miró hacia arriba y observé que tenía, en las mejillas y alrededor de los ojos, moretones que había intentado ocultar con maquillaje. "Tu padre te golpeó ¿verdad?", le pregunté. Una pregunta salida de la nada; yo ni siquiera estaba pensando en eso cuando la pronuncié. Fue el Espíritu Santo quien puso ese pensamiento en mi mente.

No respondió, sino que se quedó mirándome, con ojos fríos y sin vida. Pregunté nuevamente: "Dime ¿tu padre te golpeó?".

"Sí", dijo abruptamente, con la ira estallando en sus ojos. "Mi padre me golpeó sin misericordia. ¡Y es cristiano!"

Sus palabras tenían la intención de acusar y lastimar, y lo lograron. Me sentí horriblemente mal. Por varios segundos, no supe qué decir. Quería explicarle que ningún cristiano verdadero haría tal cosa, que si su padre fuera un seguidor de Cristo sincero jamás lastimaría a su hija de esa forma. Pero sabía que mis palabras caerían en oídos sordos. Así que contuve mi lengua.

"Lamento que te golpeara", dije con suavidad. "Sé que estás dolida, ¿puedo orar por ti?"

En ese momento, su expresión se ablandó y sus labios temblaron. Con los ojos enrojecidos comenzó a llorar, silenciosa, suavemente. Me acerqué y puse mi mano en su hombro. Entonces sus lágrimas fluyeron, como si se hubiese roto un dique en sus ojos. Apoyó la cara en mi hombro mientras yo oraba por ella.

Luego supe que su padre era un cristiano nominal, que sólo iba a la iglesia ocasionalmente. La madre de Jamie afirmaba no saber nada sobre el abuso, pero yo estaba seguro de que no era así ¿Cómo podía una madre no saber una cosa como ésta?

Jamie vino esa noche solamente porque su madre la obligó. Y todavía no estoy seguro de qué fuerzas la impulsaron a venir al frente. Sólo que Dios había estado obrando en su corazón, moviéndose en su espíritu, tratando de ayudarla a sanar su alma herida.

Cuando terminé de orar, Jamie se secó los ojos con la manga de la camisa. Me sonrió y por primera vez su rostro parecía calmado. Suave. Casi afectuoso. "Gracias por orar por mí", dijo. "Sé que Jesús me ayudará a pasar esto."

La abracé otra vez, y la alenté a perdonar a su padre y seguir adelante. "Deja que Jesús sea el Padre que necesitas", le dije. "Él nunca te engañará ni te abandonará." En mi corazón, oré porque Jamie pudiera sobreponerse al abuso y el dolor, y que las cicatrices que le había infligido su padre no definieran su futuro. Pero en mi mente luchaba con un profundo sentimiento de ira hacia este hombre que no conocía. Un hombre que fingía seguir a Cristo mientras aterrorizaba a esta niña. Este cobarde que ha causado a su familia más daño del que probablemente llegue a reconocer jamás.

EL DOLOR DE LA HIPOCRESÍA

Nunca entenderé cómo algunos afirman que Jesús es su Salvador y, sin embargo, viven como si jamás hubiesen experimentado su gracia salvadora. ¿Cómo pueden pedir a Dios que los redima mientras viven vidas sin arrepentimiento, sin remordimiento? ¿Cómo pueden hablar como si conocieran a Cristo cuando sus acciones demuestran claramente que no saben nada de Él?

Este tipo de gente daña al reino más de lo que Satanás podría soñar dañarlo. Son los más grandes aliados del enemigo en un mundo que ya busca cómo descartar lo que Cristo afirma. Pablo nos dice: "No se amolden al mundo actual, sino sean transformados mediante la renovación de su mente" (Romanos 12:2). Durante demasiado tiempo, los cristianos nos hemos conformado a las maneras de ser del mundo. Hemos permitido que el mundo no solamente nos *afecte*, sino que también nos *infecte* completamente. Que se apodere de nuestros corazones y mentes y nos mantenga cautivos del pecado aunque intentemos convencernos de que somos libres.

Pero Jesús promete transformar nuestros corazones y mentes, renovarnos, cambiar la manera en que pensamos, vivimos y actuamos. Si no le hemos permitido hacer esto, no lo hemos aceptado realmente.

"Crea en mí, oh Dios, un corazón limpio, y renueva la firmeza de mi espíritu" (Salmo 51:10), escribió David. Estas palabras deberían ser la personificación del deseo de todo seguidor de Cristo. Deben ser nuestra oración diaria. Pedirle a Dios un nuevo corazón y una mente nueva, suplicar por una vida de pureza, esforzarnos momento a momento por vivir con mayor misericordia, gracia e inocencia. Ser más como Jesús cada día que pasa.

Cuando el mundo nos mira, lo que ve definirá su visión de Dios. Dará forma a cómo perciben a nuestro Padre celestial, lo que piensen de Él, la forma en que entiendan su bondad y gracia. Somos embajadores del reino en un mundo perdido y caído. Y nuestras acciones, buenas y malas, le reflejarán directamente a Dios.

El padre de Jamie afirmaba conocer a Jesús, y al hacerlo se convirtió en el punto de referencia espiritual para la niña. Ella veía cómo trataba él a su familia, y proyectaba esos atributos en Dios. Cada vez que lo veía, se formaba y moldeaba su visión de Dios. Cuando la golpeaba, ella sentía que Dios era quien le propinaba los azotes. Cuando le gritaba, era la voz de Dios la que oía.

Y hoy, por causa de su padre, por causa de este cobarde, Jamie tendrá dificultades para confiar en Dios durante el resto de su vida.

La primera vez que asistí a una iglesia

Hacía solamente cuatro días que me había convertido, cuando encontré este mismo tipo de hipocresía en la iglesia. Y eso fácilmente podría haberme alejado de Dios.

En cuanto me convertí, un pastor me invitó a su iglesia. Sentía tanto fuego por el Señor que contaba los minutos que faltaban para que comenzara el servicio. No podía esperar. Estaba enamorado de Jesús, y lo único que quería era adorarle, cantarle, oír más de Él. Me entusiasmaba la idea de hacer amigos nuevos, amigos cristianos que entendieran mi nueva fe.

Para cuando llegó el domingo, había convencido a más de cincuenta de los amigos de mi pandilla para que me acompañaran. No podían creer que hablara en serio, pero yo no aceptaba un no por respuesta. Israel era el líder de la banda en ese momento, y lo desperté temprano el domingo por la mañana para recordarle: "Vamos a la iglesia, Israel. Reúne a todos, para que no lleguemos tarde".

Esa noche nuestro grupo ocupó gran parte del auditorio. Nos veíamos completamente fuera de lugar, y creo que muchas de las personas sentían miedo de nosotros. Recuerdo haber sido consciente de cuán intimidantes debíamos parecer, un grupo de gángsteres latinos ocupando un gran sector del santuario.

La mayoría de mis amigos no sabía cómo conducirse en una iglesia. Yo tampoco, pero sabía que se esperaba que mostráramos sentido del orden y reverencia. Recuerdo que Tico, uno de nuestros gángsters, le hacía arrumacos a su novia al final de la fila detrás de mí. Se le tiraba encima, la besaba, la abrazaba. El servicio acababa de comenzar y el pastor se acercó para susurrar en mi oído: "Nicky ¿me harías un favor?".

Con toda atención dije: "Seguro, pastor ¿qué onda?".

Pareció sorprendido. Creo que ésa no era la forma de dirigirme a él.

"Me alegro de que hayas venido con tus amigos", dijo. "Pero tu amigo no debería hacer eso en la iglesia. Es la casa de Dios, y tu amigo está incomodando a la gente. Sé que no tiene malas intenciones, pero la gente de aquí no entiende que provienes de un mundo diferente ¿Podrías hablarle para que ya no lo haga?"

Sentí vergüenza y me esforcé por disculparme. "Yo me ocuparé. Lo lamento."

Me puse de pie y fui hacia donde estaba sentado Tico. Le dije: "Tico, sé que eres romántico, pero algunas de las personas se sienten ofendidas por tu conducta. ¿Por qué no vas con tu novia afuera unos cinco minutos, y la besas todo lo que quieras? Luego vuelve cuando termines y siéntate".

Tico pareció confundido, pero accedió. "No hay problema", dijo con una gran sonrisa. Ambos salieron y estuvieron fuera unos veinte minutos. Luego regresaron y tomaron asiento otra vez. Creo que Tico ya se había desahogado, porque mostraba una enorme sonrisa. Varias veces me miró, asintiendo y con la señal del pulgar hacia arriba. Se mantuvo callado y quieto durante el resto del servicio.

Durante el llamado al altar, Tico y su novia pasaron al frente a recibir a Cristo. Y así lo hicieron muchos otros de los que habían venido conmigo. Casi no podía contener mi entusiasmo. Jesús no solamente había cambiado mi vida, sino que también cambiaría la de mis amigos de la pandilla. Fue uno de los momentos más excitantes de mi vida, viendo a tantos de mis amigos arrodillados ante el altar, orando para recibir a Jesús como su Señor y Salvador.

Y pensar que casi no sucede. Casi nos hicieron dejar el edificio de la iglesia antes de que comenzara el servicio. Todo por un hecho sucedido unas pocas horas antes.

Un encuentro desalentador

Habíamos llegado a la iglesia temprano esa mañana, y la primera persona con la que nos cruzamos fue una señora mayor. Estaba junto a la puerta de entrada, mirándonos con desdén mientras subíamos la escalinata. Apenas llegué al final de la escalera me dijo: "¿Qué estás haciendo aquí con esos pelos largos, pecador?".

Sus palabras me sorprendieron. Intenté hablarle con calma. "Estamos aquí por invitación del pastor", respondí.

"Bueno, no perteneces aquí", retrucó. "Debes cortarte el pelo."

No podía creer lo que oía. Inmediatamente, salieron a relucir mis defensas. "¿Qué es esto? ¿Una peluquería?", pregunté. "Pensé que era una iglesia."

Mis amigos rieron, pero a la mujer no le causó ninguna gracia. "Y cuida cómo caminas. ¿No puedes caminar derecho?", preguntó.

Quedé atónito. Su arrogancia me dejó atónito, y ni hablar de su agresividad. Aquí estábamos, más de cincuenta pandilleros difíciles, y esta anciana se burlaba de nosotros, provocándonos. Ella no tenía idea de lo que yo le habría hecho la semana anterior, y de lo que mis amigos le habrían hecho si yo no hubiera estado allí para impedírselo.

"¿Qué hay con mi manera de caminar? ¿Qué quiere? ¿Qué camine como una chica?" Mis amigos rieron otra vez, pero la mujer seguía, desafiante y severa.

"Este no es lugar para ti", graznó enojada antes de darnos la espalda para entrar. Por varios minutos, mis amigos aullaron frente a la iglesia, mientras yo pensaba qué debía hacer. Sentía vergüenza de que hubieran tenido que ser testigos de esta escena. Quería tanto que ésta fuera una buena experiencia para ellos… Los había traído con la esperanza de que llegaran a Jesús y no podía creer que esto fuera lo primero que veían, que ésta fuera mi primera experiencia en la iglesia.

Y también temía lo que ellos podían hacer. Esta mujer no tenía idea de lo peligrosa que podía ser mi ganga. Habrían destrozado el lugar si yo no los hubiese calmado. "No se preocupen por ella", dije. "De todos modos la iglesia no es suya; es del pastor. Estamos aquí porque nos invitó él, no ella. Olvídenla." La mujer nunca se enteró de que probablemente salvé su vida esa noche.

Para ser honesto, pensé seriamente en irme y no volver. Pero algo en mi espíritu me dijo que no me desalentara. Que esta pobre mujer no reflejaba al Jesús que yo había venido a servir. Quería creer que mi nueva fe no era una mentira. Así que junté valor para dejar atrás el incidente y entré al edificio.

Agradezco a Jesús por eso. ¿Quién sabe en qué habría ido a parar mi vida —y las de muchos de mis amigos— si hubiese permitido que esta anciana amargada definiera mi visión de Dios?

OTRO ATAQUE DE SATANÁS

Satanás no había terminado sus intentos de desalentarnos esa noche. Cuando terminó el servicio, después de ver a tantos de mis compañeros de pandilla aceptar a Jesús, salimos del edificio de la iglesia y nos encontramos con una gran sorpresa.

Al salir por la puerta del frente del edificio, vi a un puñado de pandilleros de una banda rival que nos esperaba del otro lado de la calle. De algún modo se habían enterado de que estábamos en la iglesia, y habían venido a provocarnos y atacarnos. Varios tenían revólveres que apuntaban hacia nosotros.

En ese instante, vi a la mujer que nos había enfrentado antes salir por la puerta. Corrí, la tomé y la empujé de nuevo dentro del edificio antes de que resonara un disparo que impactó en la pared. Fue la segunda vez que salvé su vida esa noche.

Entramos agachados en la iglesia y nos acurrucamos tras la puerta, preguntándonos cómo lograríamos salir. Se oían disparos por todas partes. La otra pandilla seguramente sabía que no estábamos armados, así que esperaban que corriéramos.

Afortunadamente alguien llamó a la policía esa noche, porque apareció a los pocos minutos. La otra banda se fue, justo antes de que el coche patrulla estacionara frente a la iglesia. Nadie resultó herido, pero podría haber sido una confrontación sangrienta.

Caminé a casa solo esa noche, llevando únicamente una Biblia en la mano, mi nueva y gruesa Biblia que tanto atesoraba. Estaba de buen humor, agradecido a Jesús por lo que Él había hecho. Oré y le agradecí mientras caminaba. Entonces, de la nada, apareció un pandillero que me saltó encima y me cortó el dorso de la mano derecha con una navaja. Corrió, e instintivamente lo perseguí. Mi ira aceleraba mis piernas, y corrí tan rápido que lo alcancé y tiré contra un auto. Le quité la navaja a la fuerza, e hice que la tirara al suelo.

Me incliné y arranqué la antena de un auto, uno de los muchos trucos que había aprendido en la calle. Si no tienes un arma, usa lo que puedas. Lo tomé del cuello y apreté contra el auto, con la punta de la antena a unos centímetros de sus ojos. Sabía que ya lo tenía. Con sólo un movimiento de mi muñeca ya no me molestaría nunca más. Todo dentro de mí pujaba por darle su merecido y vengarme por haberme atacado y cortado la mano. La sangre me chorreaba por el brazo y ensuciaba la ropa.

Pero no pude hacerlo. Adentro algo me decía: *Nicky, déjalo ir. Tú ya no eres así. Esa no es tu vida. No es para lo que te salvó Jesús.* Tenía tantas ganas de lastimarlo, pero Jesús no me lo permitiría. Mi nuevo corazón no me lo permitiría.

Dejé caer la antena junto a mí, y lo solté. "Vete ya. Vete de aquí", dije. Me miró asombrado, luego corrió y se alejó de mí lo más rápido que pudo.

Por primera vez en mi vida había elegido el perdón y no la venganza. Y me sentía realmente bien. ¡Mejor que todo lo que había experimentado antes!

REFLEJAR A CRISTO

Pablo les dijo a los Colosenses: "Por lo tanto, como escogidos de Dios, santos y amados, revístanse de afecto entrañable y de bondad, humildad, amabilidad y paciencia ... Por encima de todo, vístanse de amor, que es el vínculo perfecto" (Colosenses 3:12, 14). Hay una razón por la que somos llamados a vivir como vivió Cristo. Porque el mundo mirará nuestra vida, la forma en que vivimos, lo que decimos y hacemos, y reflejará esas imágenes sobre Jesús. Lo verán como nos ven a nosotros. Nada trae mayor desgracia a la causa de Cristo que la gente que afirma conocerlo, pero vive con ira, críticas a los demás y arrogancia. Gente que vive en pecado e hipocresía dentro de la iglesia.

Y lo opuesto también es verdadero. Nada trae mayor honor a Cristo que la gente que demuestra vivir con amor, compasión y benignidad. Gente que ve a los demás como los ve Jesús, y que trata a los demás como los trataría Jesús. Gente que vive como Cristo viviría.

Todos los días, tú y yo tenemos que hacer esa elección. Es un hecho que nuestras acciones serán reflejadas sobre Jesús, pero lo que reflejemos dependerá de nuestra decisión. Es una decisión que tomamos día a día, hora a hora, minuto a minuto. ¿Elegiremos vivir en gracia, bondad y misericordia? ¿O viviremos en amargura e hipocresía?

Lo que decidamos marcará la enorme diferencia respecto a cómo reacciona el mundo ante el mensaje de esperanza y salvación de Dios.

CAPÍTULO 11

LOS NIÑOS DEL VALLE

Mis hijos no crecieron en el mismo tipo de hogar en el que fui criado yo. No saben nada del tipo de abandono, abuso y odio con que tenía que luchar yo día a día durante mi infancia. Y aunque les cuento las historias de mi juventud, les cuesta creer lo que les digo y mucho menos entenderlo.

Nuestra posición social es totalmente diferente. Yo crecí en extrema pobreza mientras ellos han crecido en relativa comodidad. Dios ha bendecido nuestro ministerio a lo largo de los años y, aunque jamás fuimos ricos, tuvimos siempre más de lo que necesitábamos. Mis hijos crecieron en una casa llena de amor, risas y bondad. Yo crecí sintiendo que no valía nada y que nadie me quería, sin siquiera un abrazo de parte de mi madre. Ellos crecieron rodeados de amigos que nos amaban y respetaban. Yo crecí acobardado por la vergüenza, oyendo los susurros que la gente murmuraba a mis espaldas cuando pasaba por la calle, ocultándome de la mirada de los extraños que pasaban para echar un vistazo a la Casa de los

Espíritus. Ellos pasaron su adolescencia riendo y jugando con amigos en una buena escuela. Yo pasé la mía intentando sobrevivir en las frías calles de Brooklyn.

Muchas veces me cuesta imaginar la vida que una vez viví. Veo a las pandillas en el gueto y no puedo imaginarme viviendo en tal desesperanza y desesperación sin Jesús en mi vida. Pero no me cuesta recordar los días de mi pasado. Recordar mi vida de niño odiado y abusado en Puerto Rico. Mis días de vagar por las calles de Nueva York peleando para que me respetaran y robando para mi próxima comida. Mis días de odio y violencia sin sentido como líder de los infames Mau Maus.

Mis hijos no pueden comprender mi pasado porque es tan diferente al suyo.

Y aunque los recuerdos siguen siendo dolorosos, no quiero olvidarlo. No importa lo buena que sea mi vida, no importa cuántos años pasen, no importa cuánto cambie mi vida, tengo la intención de recordar mis días en el valle de la desesperación. Porque sólo recordándolo puedo apreciar plenamente lo que Dios ha hecho por mí.

Demasiados cristianos llegan a la cima de la montaña sin volver a mirar atrás, al valle. Estamos tan concentrados en escalar que olvidamos de cuán lejos venimos. Olvidamos nuestros días de cautividad y miseria antes de que Jesús nos liberase. Nuestros momentos de desesperanza y desesperación. Nuestras noches de desolación y dolor.

Olvidamos que otros siguen cautivos en el mundo que dejamos atrás.

Una de las razones por las que siempre llevé a mis hijas a nuestras cruzadas por los guetos, desde que eran pequeñas, es para que crecieran apreciando su vida de libertad en Cristo. Quería que viesen cómo es vivir una vida vacía de Jesús. Una vida de desesperanza y esclavitud. Quería que viesen un aspecto de la vida que no conocían. Quería que aprendieran a sentir compasión por los perdidos, siendo testigos de primera mano de la vida vacía de los que no tienen a Jesús. Quería que mis hijas tuvieran una obsesión del alma en lo más profundo de sus corazones, así que les permití ver la desesperanza que viene al estar perdido en el pecado.

DEL CIELO AL VALLE

Jesús eligió ser un niño del valle. Antes de venir a la tierra vivía en la mayor gloria que sea posible imaginar. El Hijo del Rey del universo. Estaba sentado a la diestra de Dios. Él *es* Dios. Sin embargo, eligió bajar de su trono y entrar al mundo del valle. Eligió vivir entre los desesperanzados y perdidos de la creación. Se humilló a sí mismo, se negó a sí mismo, se vació de sí mismo por nosotros. Y fue a la cruz, pasando vergüenza, para crear un puente entre el valle y la cima de la montaña.

El valle es un lugar frío y cruel para vivir. Se define por la ceguera, la sequía y el hambre. Puedes sentir el rechazo, el dolor, la inseguridad. El miedo. La confusión. Puedes oler la desesperanza y el dolor. Puedes sentir la angustia y la pena. Y el valle no tiene nada que ver con el nivel social o económico. Es un estado del corazón. Es cualquier lugar separado del conocimiento de Dios y de la confianza en Él.

La gente del valle está por donde mires. La veo viviendo en lujosos apartamentos de Manhattan, en lindas casas de los suburbios y en destartaladas casuchas en el gueto. Dónde viva no hace diferencia. Su vida está perdida y en soledad. Su corazón está asustado y solo. Su alma siente hambre de algo más, algo más grande, algo que tenga sentido. Anhela a Jesús aunque no lo sepa.

Jesús vino al valle a traer esperanza, amor y compasión, a dar vista al ciego, a mostrarnos una salida. Vino a traer vida nueva a los que estaban muertos. Fue al valle porque es allí donde vive la gente perdida. Sin embargo, a menudo, aquellos a quienes él hace libres no se toman el tiempo de volver a mirar atrás. Nunca hacen el esfuerzo de volver al valle para ayudar a otros a encontrar la salida. Nunca viajan hacia el valle de la desesperanza para llevar esperanza.

Una historia del valle

Estoy convencido de que la razón por la cual la mayoría de los cristianos evita ir al valle es porque no han sentido el gozo de guiar a otros hacia la libertad. Si pudieran ver lo que he visto yo, vivir lo que todos vivimos en nuestras cruzadas, estarían obsesionados por salvar almas.

Ojalá hubieran podido estar a mi lado cuando conocí a Manny.

Manny tenía 17 años cuando vino a una de nuestras cruzadas *¡Corre Nicky!, ¡Corre!* llevada a cabo en Harlem en 1999. *¡Corre Nicky!, ¡Corre!* es una obra de teatro que relata mi infancia y mis días en las calles de Brooklyn. Es una representación gráfica de lo que es la vida en las pandillas, mostrando la violencia y la desesperanza de la vida en el gueto.

Manny vino esa noche solamente porque le habían dado un boleto gratis en uno de nuestros alcances "Pisa y Corre". Estoy seguro de que no estaba preparado para la forma en que esa noche afectaría su vida. Hasta entonces, vivía sus días definidos por el caos y la confusión, y la obra de teatro lo impactó mucho más de lo que esperaba. Al finalizar, yo di mi testimonio y luego alenté a las personas a acercarse si querían aceptar a Jesús.

Algo hizo que Manny pasara al frente esa noche. Hubo cientos de personas que vinieron al frente para orar, muchos de ellos llorando de arrepentimiento y dolor, pero no era el caso de Manny. Su rostro se mostraba endurecido y rígido. Un chico duro. Un chico enojado. Estaba de pie a un lado con las manos en los bolsillos y miraba al suelo. Nuestros obreros de TRUCE estaban ocupados orando por las muchas personas que habían pasado al frente, haciendo todo lo posible por llegar a todos, pero nadie se había acercado a Manny. Se veía amenazante y aterrador, luciendo los colores de su pandilla, sin un trazo de emoción en su rostro.

Lo vi por el rabillo del ojo. Se veía completamente fuera de lugar en un llamado al altar, el último chico que esperarías ver venir a pedir ayuda. Pero yo veo eso continuamente. Son los chicos que parecen más rudos, los que se ven más duros, quienes están más asustados y solos por dentro. Ellos desean desesperadamente abrirse, compartir su miseria, pero no saben cómo hacerlo.

Puedo decir que Manny se sorprendió cuando me acerqué y me detuve frente a él. No dije nada; solamente lo miré a los ojos. Me echó una mirada y luego la apartó rápidamente. Pero no se movió. Su rostro seguía frío y duro.

Puse mis brazos alrededor de sus grandes hombros y lo atraje hacia mí, hundiendo su cabeza en mi pecho. Sus músculos se tensaron, pero no se resistió. Sin previo aviso, comenzó a llorar. Su cuerpo seguía rígido, pero sus lágrimas empapaban el frente de mi camisa.

Susurré en su oído: "Estás sufriendo ¿verdad?".

Sus sollozos se hicieron más intensos. Sus músculos se relajaron y una avalancha de lágrimas estalló incontenible. Literalmente podía sentir su dolor con cada nueva lágrima.

"He estado corriendo durante tantos años", dijo al fin, todavía llorando. "Estoy tan cansado de correr. Dices que Dios te perdonó, pero no hay forma en que pueda perdonarme a mí. No después de lo que hice."

Tomé la cabeza de Manny entre mis manos y lo miré a los ojos. "Dime qué has hecho", dije.

Entonces comenzó a hablarme del odio y la violencia que había vivido. De las cosas que había hecho y por las que se avergonzaba. Del dolor que había sufrido y que había hecho sufrir a los demás. Luego me habló de su infancia.

"Cuando era pequeño, un día llegué de la escuela y empecé a buscar a mi madre por el apartamento. Tenía hambre y no la encontraba por ningún lado. De repente, mi padre me tomó del cuello y me tiró contra una pared. Yo no podía saber por qué estaba tan enojado. Le pregunté que había hecho mal, pero no dijo una palabra. Tenía un arma y la apuntó a mi cabeza." "Te mataré ahora mismo", me dijo.

Le rogué que guardara el arma. Una y otra vez le pregunté: "¿Qué hice, papá? ¿Por qué estás haciendo esto?" Pero no me respondió. Seguía agitando el arma y apuntándome, diciendo: "¡Te mataré ahora mismo!". Tuve tanto miedo. Quería escapar, pero sabía que me atraparía. No sabía qué hacer. Entonces mi padre cambió de idea y apoyó el arma en su cabeza. "Cambié de idea. Me mataré yo". Grité: "No, papá ¡no lo hagas!". Pero lo hizo. Se disparó a la cabeza. La pistola cayó y mi padre también. Había sangre por todas partes. Quedé congelado. Tenía tanto miedo que no sabía qué hacer. Sentí que se me mojaban los pantalones, pero no podía moverme. Le grité: "¿Por qué, papá? ¿Por qué hiciste esto? ¡Papá! Papá..." Pero estaba muerto.

"No sé cuánto estuve allí, llorando antes de que mamá llegara a casa. Gritó y corrió hacia mi padre que estaba en el suelo y sangraba. No respiraba. Mi madre me preguntaba todo el tiempo: "¿Qué pasó? ¿Por qué hizo esto?". Pero yo no podía darle una respuesta. "Papá se fue", repetía yo una y otra vez. "Papá se fue."

POR FIN LIBRE

Manny hundió su cabeza en mi hombro una vez más. Lo abracé. "No me puedo librar de las pesadillas", sollozó. "Ha pasado tanto tiempo, pero no se van. Todas las noches lo veo tirado en el suelo, con su cabeza sangrante. ¡Y las pesadillas son cada vez peores! No puedo dormir. ¡Tengo miedo de ir a la cama cada noche! ¿Por qué hizo eso? ¿Por qué nos abandonó? ¿Qué hice mal? ¡Lo odio por habernos abandonados! ¡Lo odio!"

Seguí abrazando fuerte a Manny, sosteniendo su cabeza contra mi pecho. Mi corazón sufría por él. Al principio, no supe qué decir. Era tan joven y estaba tan enojado y confundido. *¿Qué podía decirle para borrar el dolor de una experiencia tan horrible?*

"Entiendo", le dije. "Sé lo que estás viviendo. Yo también tuve pesadillas. Sé cuán horribles pueden ser. Entiendo el infierno que estás viviendo. El demonio ha pintado esta imagen en tu mente y te persigue con ella. Pero Jesús puede borrarla. ¡Deja que Él te libre del dolor!"

Durante varios minutos, lo sostuve mientras lloraba y lo único que se me ocurrió fue abrazarlo, abrazar su dolor, esforzarme por consolarlo. Quería ser el padre que había perdido, aunque fuera sólo por un momento. Así que hice lo que sé que habría hecho Jesús. Lo abracé.

Las lágrimas fluían desde lo más profundo de su alma en agonía, unas lágrimas que habían estado enterradas durante muchos años. "Yo también tuve imágenes horribles en mi cabeza", continúe. "De muchas cosas que había hecho. De tanta violencia que había presenciado. Pero ahora ya no me persiguen. Si le pides a Dios, Él las borrará. Acéptalo en tu corazón y deja que comience a sanarte. Deja que te ayude a liberarte de tu vida de dolor y violencia. Deja que te ayude a perdonar a tu padre para que puedas seguir adelante. Tienes tantos años por delante, tanto por qué vivir. No pierdas un día más. No permitas que Satanás te robe un minuto más de tu vida. No puedes cambiar el pasado, pero puedes cambiar tu futuro. ¡Puedes comenzar de nuevo! ¡Acepta a Jesús y permite que Él te ayude a comenzar de nuevo!"

Manny levantó su cabeza y nuevamente me miró de frente. Por primera vez pude ver una luz en sus ojos. Parecía un niñito. "¿De veras piensas que Dios haría eso?", me preguntó. "¿De veras me aceptará, después de todo lo que hice?"

"Por supuesto que lo hará", le dije. "Esta pidiéndote que vengas a Él. Dios ha estado observándote durante toda tu vida. Conoce el dolor que has pasado. Entiende mucho más de lo que podrías imaginar. Te está llamando para que lo aceptes, para que aceptes a Jesús y cambies tu vida para siempre."

Oré con Manny y el repitió cada palabra. Tenía los ojos cerrados y una sonrisa ancha y ansiosa. No pude recordar la última vez que había visto a alguien tan entusiasmado. Cuando terminamos, comenzó a saltar como un niñito gritando: "¡Soy salvo! ¡Soy salvo! ¡Jesús me salvó! ¡Sí... sí!".

Alrededor de nosotros, la gente giraba la cabeza para ver qué pasaba, pero a Manny no le importaba. Seguía saltando y diciendo: "¡Soy libre! ¡Gracias, Jesús! ¡Soy libre!".

Eso sucedió hace más de tres años, y hoy Manny está ocupado preparándose para ser predicador. Con ayuda de una iglesia local fue a la escuela bíblica y ha estado estudiando para graduarse como ministro. Nunca más volvió a su vida en las calles como miembro de una pandilla.

Hoy, Manny está en la cima de la montaña, preparándose para volver al valle de donde vino. Para guiar a otros y mostrarles cómo salir de la oscuridad, para ayudar a liberar a otros cautivos del valle de la desesperación.

ORAR POR UNA CARGA

Si has pasado gran parte de tu vida en la cima de la montaña, disfrutando e intentando olvidar tus días en el valle, ¿no crees que es hora de que abras los ojos y mires hacia abajo? Hacia abajo, donde están los que siguen perdidos y solos, buscando una salida. Hacia abajo donde están los que necesitan ayuda para encontrar la libertad.

Hay muchas personas como Manny en el mundo. Gente que ha pasado por indecible pena y dolor. Personas que no tienen un padre que los sostenga, que los abrace, que llore con ellos, que ore con ellos, que les diga que todo saldrá bien. Que les muestre el amor de Jesús.

Cuando encuentro personas como Manny, nunca me siento preparado para quitar su dolor, pero puedo hacer lo que haría Jesús.

Puedo abrazarlos. Tocarlos. Mostrarles lo que Jesús me mostró a mí: que el dolor es real, pero que el consuelo es aún más grande. Solamente Jesús puede borrar el dolor. Solamente Dios puede sanar las heridas infligidas por Satanás.

Ponte hoy de rodillas en oración. Y en lugar de pedir a Dios que haga mejor tu vida, pídele que te dé una carga en el corazón. Una carga por los perdidos. Una carga por ayudar a otros como Dios te ha ayudado a ti. ¡Pídele que llene tu corazón con una obsesión del alma!

Pídele que te haga salir de tu vida de comodidad y seguridad y te traiga de nuevo al valle junto a alguien que quedó atrás cuando tú comenzaste a escalar la montaña. Y luego pídele que te ayude a tomar su mano y guiarlo para que encuentre la libertad.

Pídele un corazón lleno de misericordia y compasión. Pídele una mente consumida con los mismos pensamientos que consumen a Jesús. Pídele fuerza y sabiduría para hacer un verdadero cambio en el mundo, un cambio que importe.

Jesús vino al valle para ayudar a otros a encontrar la libertad ¿no deberíamos estar dispuestos tú y yo a hacer lo mismo?

CAPÍTULO 12

PASIÓN POR LA COMPASIÓN

No me han robado muchas veces, ni muchas cosas, pero hace varios años llegué a casa y encontré algo que me causó un choque. Estaba abriendo el correo en la sala cuando vi la factura de una tarjeta de crédito. La abrí esperando encontrar pocos cargos en nuestra cuenta, pero en cambio casi me desmayo. ¡Había un cobro de más de nueve mil dólares en un mes!

Inmediatamente comencé a ver el detalle de los cargos. Página tras página de compras en lugares a los que yo jamás había ido ni conocía. En una tienda de artículos electrónicos, un gasto de quinientos. En otra tienda un gasto de ochocientos, y diversos cargos de restaurantes, supermercados y tiendas de ropa. Lugares a los que nunca había ido. Enseguida supe lo que había pasado. Alguien había robado nuestra tarjeta.

Lo primero que hice fue llamar a la compañía de la tarjeta de crédito y descubrí que unas semanas antes nos habían enviado por correo una nueva tarjeta. Era obvio que alguien la había robado de nuestro buzón.

No estaba preparado para el enojo que me sobrecogió en ese momento. Me sentía violado, usado. *¿Quién haría algo así? ¿Y cómo podrán salirse con la suya? ¡Alguien tiene que hacer algo!*

Terminé de hablar con la compañía de la tarjeta e inmediatamente llamé a la policía para presentar una denuncia. Anotaron todos los datos y verificaron con los vecinos para saber si alguien había visto algo. Nadie sabía nada. Y sin testigos había poco que hacer.

Estuve enojado durante varios días pensando qué podría hacer para atrapar a los delincuentes que habían hecho esto. *No deberían salirse con la suya*, pensaba mientras resoplaba. *Quien haya hecho esto pagará cuando lo atrape.* Hasta oré pidiendo a Dios que me ayudara a encontrar a los culpables para que se hiciera justicia.

Luego, un día, sentado en la sala de mi casa, pensando nuevamente en esta injusticia que había sufrido, Dios envió convicción a mi espíritu. Me recordó en cuántas cosas me había yo salido con la mía en el pasado, y las muchas cosas que había hecho antes de llegar a Jesús: cosas que parecían estar tan atrás en mi pasado que ya no las sentía como reales.

¿Sabes cuánto te he perdonado? preguntó Dios en mi espíritu. *¿Recuerdas de lo que te salvé? La persona que hizo esto no es diferente a ti en el momento en que me entregaste tu vida. Estabas igual de perdido, igual de desesperado, con la misma necesidad de perdón. Y te perdoné, así como quiero que hoy perdones a la persona que hizo esto.*

Dios puso un poderoso sentido de arrepentimiento en mi espíritu, y decidí en ese momento que ya no guardaría rencor en mi corazón contra la persona que había robado mi tarjeta de crédito. Supe que tenía que dejarlo atrás y dejar que Dios decidiera cómo manejar el asunto.

No fue fácil, pero en ese momento decidí perdonar. Me llevó seis meses pagar todos los cargos de mi cuenta y me llevó un montón de tiempo y dinero terminar con todo, pero a cada paso del camino me recordé a mí mismo que debía dejarlo ir.

Pasó el tiempo y finalmente fui capaz de decir que ya no guardaba rencor ni sentimientos de mala voluntad. Había perdonado completamente a la persona que había hecho esto. En realidad, casi no pensaba más en el asunto. Pensé que había terminado. ¡Pero esto muestra cuánto le gusta a Dios sorprendernos!

SALVADO EN COLORADO

Varios años más tarde, nuestro ministerio realizó su primer alcance TRUCE en Colorado Springs, donde yo vivía. La cruzada atrajo a más personas de las que esperábamos. Teníamos más de 250 obreros recorriendo la ciudad, testificando en las calles, invitando a la gente al evento. Llegó el día de la cruzada, y la gente llenó el estadio. Fue uno de los eventos evangelísticos más grandes que la ciudad hubiera visto. La fila de personas en la entrada daba vuelta al edificio. No tenía idea de que vendría a tanta gente. Hicimos dos reuniones esa noche y aún así nos costó lograr que todos pudieran sentarse.

Colorado Springs no es el tipo de ciudad al que solemos ir con nuestro alcance. Tenemos más de doscientos ministerios con base en la ciudad, pero esto no significa que no haya mucha gente que necesita a Jesús. Al principio, no lo sentíamos como algo que Dios guiara a hacer a nuestro ministerio, pero su guía fue muy clara. Por eso confiamos en Él.

La multitud de esa noche era tan heterogénea como grande. Había chicos blancos, chicos negros, chicos latinos, chicos asiáticos, toda clase de gente de todo tipo de hogares: ricos, pobres, clase alta, y clase media baja.

Durante el llamado al altar, el Espíritu de Dios obró poderosamente entre nosotros. Centenares de personas vinieron al frente a recibir a Jesús como su Salvador. Los periódicos cubrieron el evento, y a la mañana siguiente estábamos en primera plana. Nos sorprendió encontrar que *Inside Edition*, el programa nacional de noticias, enviara un equipo para filmar el evento. Hicieron una transmisión especial que debieron repetir varias veces desde entonces.

Yo no tenía idea de los planes de Dios para nuestra pequeña ciudad. ¡Y Él todavía no había terminado!

UNA SIMPLE NOTA

Varias semanas después de la cruzada, estaba sentado en mi oficina cuando llegó una carta dirigida específicamente a mí. En el sobre decía: "Personal", por lo que mi secretaria me la entregó directamente.

Abrí el sobre y encontré una pequeña nota manuscrita. Decía: *Estimado Sr. Cruz: Le escribo para disculparme por algo que hice hace varios años. Robé algo de su buzón y dentro del sobre había una tarjeta de crédito...* La carta luego explicaba que el hombre había usado mi tarjeta para comprar regalos extravagantes para sí mismo y para sus amigos, y que había dejado de usarla solamente cuando yo cancelé la tarjeta. Luego explicó que había sido salvado la noche de nuestra cruzada, y que ahora Dios había puesto en él convicción de culpabilidad por lo que había hecho. *Nunca habría hecho esto de haber sabido quién era usted,* escribió.

Usted ha hecho tanto por la gente durante todos estos años, y ahora que conozco a Jesús sé que hice algo muy malo. Estoy cambiando mi vida y quiero corregir lo que hice. Por favor perdóneme. Le pagaré como sea.

Pensé en responderle, pero él había olvidado incluir remitente o teléfono. De alguna manera me alegré, porque me habría visto obligado a seguir con el asunto y entregarlo a la compañía de la tarjeta de crédito. Ya lo había perdonado hacía mucho tiempo, y la compañía de la tarjeta se había ocupado de la deuda. Su arrepentimiento era todo lo que Dios necesitaba de él. Yo lo había perdonado, y ahora Dios lo había perdonado. Ojalá supiera dónde está hoy, y qué está haciendo Dios en su vida.

GENUINA MISERICORDIA

Nada mueve el corazón de Dios tanto como un corazón humilde y un espíritu misericordioso. Dios responde a la compasión porque es a través de la compasión que podemos llegar a conocerlo de veras. Es la cualidad que define a un verdadero seguidor de Cristo.

Nunca estamos más cerca del corazón de Dios que cuando perdonamos a alguien. Y nunca estamos más lejos que cuando guardamos rencor. Jesús dijo: "Porque si perdonan a otros sus ofensas, también los perdonará a ustedes su Padre celestial. Pero si no perdonan a otros sus ofensas, tampoco su Padre les perdonará a ustedes las suyas" (Mateo 6:14-15). Pocos pasajes en las Escrituras revelan con tanta claridad qué es lo que Dios espera de los creyentes. Si tú no perdonas, Dios no puede perdonarte.

Hace unos años, oí la historia de dos mujeres que habían despertado para encontrar a un ladrón en su casa. Una de las mujeres tuvo el buen tino de llamar a la policía, que llegó en unos minutos. Aparecieron varios autos patrullas, y los oficiales de la ley se llevaron al joven ladrón.

Un oficial quedó en la casa, y obtuvo de las mujeres toda la información posible para completar el formulario de denuncia. Una de ellas le preguntó qué pasaría con el joven: "Será procesado y luego enviado a la cárcel", le dijo el policía. "Probablemente no salga en varios años."

Mientras el hombre le hablaba, el Señor comenzó a recordarle a la mujer un incidente similar que había sucedido unos meses antes. Su propio hijo había delinquido contra una familia, y la policía lo había atrapado. Pero a último momento la familia se compadeció de él y le perdonó su crimen. En contra del deseo del juez, se negaron a presentar cargos y su hijo quedó libre.

Luego el Señor le habló a su espíritu. *Quiero que muestres el mismo tipo de perdón*, le dijo.

El policía seguía llenando el formulario cuando la mujer le pidió que se detuviera. "¿Podría hacerme un favor?", preguntó. "Traiga al joven de vuelta a mi casa. Quiero hablarle antes de proseguir."

El oficial se mostró sorprendido e intentó convencerla para que no lo hiciera, pero la mujer insistió. Llamó a los del coche patrulla por la radio, y trajeron al joven de regreso. Esposado, el muchacho quedó frente a la mujer.

"Sabes que lo que hiciste está mal", le dijo ella. "Y sabes que alguien podría haber salido lastimado. Creaste una situación muy peligrosa al intentar robarnos, y agradezco a Dios que todo esté bien. Pero quiero que sepas que te perdono por lo que hiciste. He decidido no presentar cargos. Pero quiero que recuerdes esto y prometas que nunca volverás a hacerlo."

El hombre no podía creer lo que oía. Y los oficiales no estaban nada contentos con la mujer. Intentaron convencerla para que firmara los papeles y presentara cargos, pero ella continuó resistiéndose. Explicó lo que había pasado con su hijo seis meses antes, y les dijo que el Señor quería que ella perdonara al muchacho.

Liberaron al joven, que se disculpó profusamente por su delito. Le prometió a la mujer que nunca más robaría, y ella le creyó. Antes de salir, le preguntó: "¿Por qué hace esto usted? Yo no merezco su misericordia".

"Si no te ayudo ahora, ¿quién te ayudará a cambiar?", dijo la mujer.

Hay un tipo de compasión y misericordia que desafía la lógica humana. El mundo no lo entiende y, por lo general, no brinda grandes recompensas. Perdonar a otros cuando nos hacen daño es una de las cosas más difíciles que pueda pedirnos Dios. Sin embargo, la misericordia es lo que Él más quiere ver en sus seguidores.

Muchos pensarán que la mujer era más estúpida que sabia, y quizá tengan razón. Pero si hemos de equivocarnos, ¿qué mejor que equivocarnos para el lado de la misericordia?

LA COMPASIÓN DE TRUCE

De todas las cosas que me impresionan de los jóvenes que trabajan con nosotros en el Alcance de Nicky Cruz, nuestros Doce Discípulos y todos los demás obreros de TRUCE que dan de su tiempo y talentos para ayudarnos a llegar a los perdidos en los barrios bajos de la ciudad, lo que más admiro es su corazón lleno de misericordia. Es esto lo que los separa de la mayoría de la gente que conozco. Es lo que tienen en común el uno con el otro, lo que hace que sigan viniendo día tras día, mes tras mes. Es lo que los lleva de regreso al valle una y otra vez para alcanzar a la gente para Jesús. Su amor es real. Su compasión es profunda y genuina. Y a causa de esto, su testimonio es eficaz.

Antes de que fuésemos a Noruega, recuerdo haberme preocupado por cómo reaccionarían nuestros jóvenes cuando los confrontaran los musulmanes a ultranza. La mayoría de ellos nunca había enfrentado este tipo de amenaza y me preocupaba su seguridad. Dedicamos tiempo a hablar con ellos de antemano, preparándolos para el abuso verbal y el enojo con que se encontrarían. Pero no desistieron. No tenían miedo. Ni siquiera los preocupaba su propia seguridad. Lo único que querían era predicar a Jesús, sin importar las posibles consecuencias.

En las calles de Oslo, me asombró ver lo bien que se manejaban nuestros obreros. Muchas veces eran amenazados o enfrentados por grupos de adolescentes islámicos enojados, que nos gritaban. "Su Dios es débil", decían. "Mahoma es más fuerte que su Dios." Habría sido muy fácil responderles a gritos para defender a Dios de sus mentiras y acusaciones o entrar en largas discusiones, pero nuestros chicos nunca perdieron su foco. Rehusaron discutir. Solamente mostraron amor y misericordia.

"Jesús los ama. Nosotros los amamos", era su única respuesta. Ésa fue su única reacción durante estas brutales confrontaciones.

Seguían sorprendiendo a los adolescentes y adultos musulmanes por no estar a la defensiva, y casi siempre hacían que su ira se esfumara. Nunca imaginé que veríamos a tantos musulmanes dejar su fe musulmana para aceptar a Jesús, pero cientos respondieron a nuestro mensaje.

Veo la misma dinámica dondequiera que vamos, sea en los barrios bajos de Nueva York, Boston, Hartford, Houston, Milwaukee, St. Louis, Denver o cualquier otra ciudad, sea en este país o en el extranjero. La gente no responde a las discusiones. Responde a la compasión. Responde al amor y a la misericordia genuinos.

ESPARCIR MISERICORDIA

Y la misericordia es contagiosa. Mientras estábamos en Noruega, formamos un equipo con una gran iglesia luterana de Oslo. Fue una de las pocas dispuestas a ayudarnos. Sus jóvenes estaban muy comprometidos con el Señor, pero no estaban preparados para nuestros métodos de evangelismo. Los europeos son personas modestas y calladas, y suelen ser reservados respecto a su fe. La idea de predicar en una esquina, de organizar un alcance "Pisa y Corre" en medio de un vecindario, los alejaba de sus áreas de comodidad. Al principio no querían acompañarnos, pero en unas pocas semanas no los podíamos detener. Desarrollaron fuego por el evangelismo, una verdadera obsesión del alma.

Muchos viajaban en tren durante dos o tres horas cada mañana para ayudarnos, y regresaban a casa tarde en la noche. Siempre querían hacer más. Estaban sedientos de aprender más sobre nuestros chicos de Nueva York. Cuando les dijimos que muchos de nuestros jóvenes eran ex miembros de pandillas y drogadictos, les costaba creerlo. Estaban asombrados por lo que Jesús había hecho en sus vidas, lo que todavía sigue haciendo.

Pero lo que más los atraía era la genuina compasión que nuestros jóvenes tenían por los demás. Cuando alguien sufría, nuestros chicos lloraban con él o ella, los abrazaban, oraban con ellos. Cada mañana se iniciaba con varias horas de oración y adoración en la iglesia, y los chicos luteranos siempre querían más. El amor que nuestros chicos irradiaban por ellos y entre los del grupo era algo más grande de lo que jamás hubieran experimentado. Y ese entusiasmo pronto se les contagió. Se esparció como un incendio en los corazones de todos los que trabajaban con nosotros.

Para el tiempo en que terminó nuestra cruzada, los chicos de Noruega no podían despedirse. Estaban tan apegados a nuestro grupo, habían llegado a amar tanto a nuestros jóvenes, que lloraron durante horas en el aeropuerto cuando vinieron a despedirnos. Nuestros muchachos y muchachas formaron amistades para toda la vida en ese viaje, y dejaron un impacto indeleble en las vidas de quienes quedaron allí, un impacto que todavía se siente en las esquinas de Oslo.

Esa es la belleza y la naturaleza de la compasión. Es una de las emociones humanas más atractivas y contagiosas. No se puede fingir y su impacto no se puede explicar, pero es tan real. Y tan poderosa.

No es momento para la religión

Hay un lugar y un tiempo para discutir sobre doctrina y debatir sobre teología, pero no cuando uno está tratando de alcanzar a alguien para Cristo. Uno de los puntos fuertes de nuestro ministerio es que hace años decidimos dejar la teología para los estudiosos y —en cambio— enfocarnos solamente en el amor de Jesús. Cuando llegamos a un barrio, dejamos nuestros argumentos en casa y llevamos solamente un hombro blando y un corazón tierno. Amamos a las personas porque Jesús ha puesto en nuestros corazones la carga de salvarlas. Y cuanto más alcanzamos, tanto más crece nuestra compasión.

Muchas veces, por la calle se me acerca alguien con fuego en los ojos queriendo entrar en una discusión religiosa. Solemos encontrar gente de una iglesia mormona o de los Testigos de Jehová, y hasta extremistas islámicos, y todos quieren discutir sobre nuestras creencias y métodos. Nunca permito que me hagan entrar en su juego. Les digo: "Que alguien te lleve a la Universidad de Harvard. La única escuela que me interesa es la Universidad del Espíritu Santo".

Estoy seguro de que debe haber personas a quienes la salvación les llegó a través del debate teológico. Pero no conozco personalmente a ninguna. Es al amor de Jesús a lo que la gente responde. Les hablo de la cruz, del perdón que trae Jesús, y luego oro por un milagro en sus corazones y esto es lo que les hace caer de rodillas en arrepentimiento. Es lo que los trae ante el trono de Jesús.

Dios obra un milagro en sus corazones porque un milagro es lo que más necesitan.

Semillas de perdón

Ojalá pudieras formar parte del milagro que ha vivido nuestra familia. Ojalá pudieras sentir la diferencia entre la manera en que vivimos ahora y cómo vivíamos en los días de mi juventud. Hoy amo a mis hermanos y hermanas con pasión. No hay nada que me guste más que sentarme con ellos y reír, hablar, y llorar con mi familia.

Las ocasiones en que puedo viajar a Puerto Rico y visitar a mi familia son algunos de mis recuerdos más preciosos. Cuando estoy en casa ya no soy Nicky Cruz el evangelista, el que habla sobre el escenario; soy un hermano más. Para mis hermanos mayores, soy "el pequeño Nicky". Y para mis hermanos menores soy "Nicky grande". ¡Pero nadie me ve como "Nicky el que se las da de importante"! Soy uno más de la familia, y eso me encanta. De hecho, dos de mis hermanos son pastores en iglesias de Puerto Rico, y nunca me han pedido que vaya a hablar a sus congregaciones. Saben que cuando vengo a casa solamente quiero divertirme y estar con ellos.

Tengo muchos recuerdos de quedarnos levantados hasta tarde por la noche con mi familia, comiendo y riendo, bromeando, orando y llorando juntos. A veces nos quedamos hasta la una de la mañana contando historias. Intercambiando bromas. Disfrutando del gozo que todos compartimos ¡es todo como una gran fiesta!

Pero no siempre fue así. No siempre fuimos felices, despreocupados, amorosos. ¡Cuando Jesús llegó a nuestra vida, trajo con él una explosión de amor! Abrió las puertas del dique de la misericordia y el perdón. En mi familia, tenemos un pasado de mucho dolor y, sin embargo, ninguno de nosotros alberga resentimiento. Nadie guarda rencor. Lo único que tenemos en nuestro corazón es amor. No nos dedicamos a perder tiempo en lamentos. Solamente nos regocijamos en el Jesús que conocemos hoy y en el futuro que Él tiene para todos nosotros.

Me rompe el corazón ver familias que se aferran al pasado. Que los hermanos se aferren a la amargura y el resentimiento de días que han quedado atrás hace ya mucho tiempo. Los esposos y esposas que han sufrido a causa de palabras o acciones, y permiten que se infecte la herida, que aumente, y los carcoma como un cáncer. Guardan rencor en sus corazones y nunca aprenden a perdonar. Nunca llegan a conocer el gozo de mirar hacia adelante. El gozo de reír y jugar con aquellos a quienes se supone que aman. La paz de dejar atrás todas nuestras viejas heridas y permitir que Jesús nos sane.

Jesús puede hacer por el corazón humano lo que nadie más puede. Puede producir un cambio distinto a cuanto podríamos imaginar. Cuando Él llega a vivir en tu corazón, hace mucho más que perdonarte, deja semillas de perdón. Semillas sobrenaturales que no solamente borran el pecado, sino que borran el dolor que produjo el pecado. Y estas semillas no solamente pueden sanar nuestros corazones, sino que también pueden sanar nuestras relaciones. Pueden sanar las heridas que causamos a otros. Pueden extenderse sobre todo el dolor del pasado y deshacerlo.

Jesús logra reunir de nuevo a las familias. A madres y padres y hermanos y hermanas. Amigos y enemigos, viejos y nuevos. Es un puente que cruza toda brecha que hayamos creado. Que restaura cualquier hogar que hayamos roto. Que reconstruye cualquier corazón que hayamos destrozado.

Nunca podré agradecerle suficientemente a Jesús por todo lo que ha hecho por nuestra familia. Por el perdón y la misericordia y la gracia que trajo, reuniéndonos una vez más.

Y Jesús puede hacer lo mismo por todos, en cualquier familia. ¡Hasta por la tuya si es lo que necesitas!

Al oír que Dios le hablaba, Abram cayó rostro en tierra,
y Dios continuó: Éste es el pacto que establezco contigo:
Tú serás el padre de una multitud de naciones.
Ya no te llamarás Abram, sino que de ahora en adelante
tu nombre será Abraham, porque te he confirmado
como padre de una multitud de naciones.

GÉNESIS 17:3-5

Hagamos un pacto tú y yo, y que ese pacto nos sirva como
testimonio.

GÉNESIS 31:44

Pero te he dejado con vida precisamente para mostrarte
mi poder, y para que mi nombre sea proclamado
por toda la tierra.

ÉXODO 9:16

Si ahora ustedes me son del todo obedientes, y cumplen mi
pacto, serán mi propiedad exclusiva entre todas las naciones.
Aunque toda la tierra me pertenece, ustedes serán para mí
un reino de sacerdotes y una nación santa.
Comunícales todo esto a los israelitas.

ÉXODO 19:5-6

De la misma manera, tomó la copa después de la cena,
y dijo: Esta copa es el nuevo pacto en mi sangre,
que es derramada por ustedes.

LUCAS 22:20

Él nos ha capacitado para ser servidores de un nuevo pacto,
no el de la letra sino el del Espíritu; porque la letra mata,
pero el Espíritu da vida.

2 CORINTIOS 3:6

CAPÍTULO 13

UN NUEVO FUTURO

Cuando me comprometí con Dios no tenía nada para darle, más que mi corazón. Era un gángster arrogante sin modales ni conocimiento de la vida social. Un chico de la calle.

Fui al Instituto Bíblico en California para enderezar mi vida, para alejarme de Nueva York y de la vida de pandillas, pero pronto descubrí que no encajaba allí. Era salvo, sí, pero seguía siendo un muchacho confundido. Seguía pavoneándome por allí con el pelo largo, y el caminar de un callejero, y a la gente le chocaba eso. Quería cambiar, pero no sabía cómo.

Fue un tiempo solitario de mi vida. Hice amigos, pero no como los que tenía en Nueva York. No tenía nada en común con ellos. No me entendían, ni yo a ellos. Casi todas las noches me quedaba en mi pequeño dormitorio de estudiante, preguntándome qué iría a hacer con el resto de mi vida.

Y, aunque estaba en el Instituto Bíblico, no tenía interés alguno por ser predicador o evangelista. Con mi marcado acento latino no podía imaginar que Dios me llamara a hacer tal cosa. No podía imaginar que Dios me usara para *algo*. ¿Para qué servía yo? ¿Qué podía hacer para Dios? Estaba tan confundido y perdido.

Muchas noches oré a Dios para que me diera alguna clase de dirección. "Por favor, muéstrame qué debo hacer ahora", rogaba. Pero nunca sentí una respuesta.

ANHELAR UN FUTURO

Una noche estaba en mi cuarto sintiéndome más perdido y solo que nunca. Estaba quebrantado y completamente agotado, sin energía emocional.

Estaba acostado en el piso, de espaldas y mirando el cielorraso. La habitación estaba a oscuras, excepto por unos rayos de luz de los faroles de la calle que se filtraban por la ventana. Seguí el trayecto de los rayos de un extremo al otro del cuarto.

Sentía el corazón completamente vacío. No sentía más que soledad. Mi espíritu estaba completamente roto. Recuerdo haber pensado en mis días en las calles de Nueva York, antes de entregar mi vida a Jesús. Había hecho tantas cosas que me perseguían. La culpa que sentía en mi corazón era abrumadora, y no se iba. Una y otra vez había orado a Dios para que me quitara esa culpa y ese dolor, pero Él no lo había hecho. Y yo no podía escapar de todo eso.

Allí, acostado en el piso, comencé a orar otra vez: "Dios ¿por qué tengo que sufrir tanto? ¿Qué es lo que quieres que haga? Estoy tan perdido y tú guardas silencio. Te amo, Dios. Sabes cuánto te amo. Pero ¡no sé qué es lo que quieres de mí! Por favor dame un rumbo, y dame paz. ¡Por favor muéstrame qué es lo que quieres de mí! Por favor, dame un sentido de dirección y paz. ¡Por favor, muéstrame lo que quieres!".

Estuve allí acostado durante cuatro horas, rogándole a Dios que rompiera su silencio. Cuanto más tiempo pasaba, más adormecido sentía mi espíritu. La habitación estaba ahora totalmente a oscuras y mi ánimo se debilitaba.

Entonces, súbitamente sentí una asombrosa calma en mi espíritu. Descendió sobre mí como una ola. Cerré los ojos e inhalé profundamente. Podía sentir a Dios hablando en mi corazón. Podía percibir su presencia. *Nicky,* le dijo a mi espíritu, *hijo mío, no te preocupes. No te he olvidado. Te traje a este lugar con un propósito. Te separé de tus amigos y tu pasado, y ahora te estoy dando un nuevo futuro. Tengo planes para ti. Nicky, necesito que confíes en mí. Voy a hacer de ti un evangelista. Voy a usarte para que toques la vida de los jóvenes. Pero es necesario que tengas fe. Yo nunca de abandonaré. Siempre estaré aquí a tu lado.*

Permanecí en el piso durante mucho tiempo, disfrutando de la presencia de Dios mientras Él aquietaba mi espíritu. No podía creer que lo estuviera oyendo bien. *¿Cómo que Dios quiere hacer de mí un evangelista? Con todo el bagaje de mi pasado…No tengo nada para dar…más que mi testimonio ¿Por qué elegiría Dios a alguien como yo?*

Le dije a Dios cuánto lo amaba y cuánto quería servirle. Le pregunté si quería que volviera a Nueva York y confesara a la policía todo lo que había hecho. "Estoy dispuesto a pagar las consecuencias de mi pasado, si es eso lo que quieres de mí", le dije. "Sólo hazme saber qué debo hacer, y lo haré."

Pero cuanto más hablaba, tanto más sentía que Dios me decía: *Sólo confía en mí, Nicky. Mantente fiel y te mostraré qué es lo que quiero que hagas. Haré de ti un evangelista. Pero debes tener fe. Es necesario que me escuches y me sigas adonde te lleve.*

UN PACTO QUE ABRAZAR

Dios ha sido fiel a ese pacto durante más de cuarenta años. Aunque para ese entonces no era capaz de comprender sus planes para mí, Dios permaneció fiel. A medida pasaron los meses y los años, seguí sintiendo su guía. Cada día que pasaba, Él confirmaba más su pacto. A través de los buenos y de los malos tiempos siempre estuvo allí, siempre velando por mí.

Cuando Dios da un don, jamás lo pide de vuelta. Nunca se retracta de sus promesas.

Muchas veces a lo largo de los años, me desvié de su propósito para mí. Dudé de Dios y me aparté de su plan para mi vida. Sin embargo, Él siempre me hizo volver. Siguió recordándome el pacto que había hecho por mí, esa visión de la vida que yo no entendía ni había pedido, pero que me trajo más gozo y recompensa de lo que yo podría llegar a merecer.

Dios no hizo este pacto *conmigo*; lo hizo *por mí*. Fue idea suya, no mía. Yo ni siquiera podía concebir algo así para mi vida, pero Dios sí podía.

Suelo ver gente que intenta hacer pactos con Dios. Decide en su corazón lo que quiere que Dios haga por ella y comienza a orar por eso. Las personas ponen en marcha un plan, y luego le piden a Dios que lo bendiga. Reclaman las Escrituras para sí mismos, y luego le recuerdan a Dios que se supone que debe ser fiel para ayudarnos a cumplir el plan. Pero no entendieron. Dios no obra de esa manera. Él no espera que nosotros le vayamos con plan: Él ya tiene uno. Lo que quiere son personas que acepten el futuro que Él ya ha preparado para ellas.

APENAS UN PASTORCITO

David no era más que un joven pastorcito de ovejas que cuidaba el rebaño de su padre, cuando Dios lo eligió para que fuera rey de Israel. Dios había rechazado a Saúl como rey a causa de su maldad y para tomar su lugar envió a su profeta Samuel a buscar a David, un simple pastorcito de ovejas. "[David] era buen mozo, trigueño y de buena presencia. El SEÑOR le dijo a Samuel: Éste es; levántate y úngelo. Samuel tomó el cuerno de aceite y ungió al joven en presencia de sus hermanos. Entonces el Espíritu del SEÑOR vino con poder sobre David, y desde ese día estuvo con él" (1 Samuel 16: 12-13).

Trata de imaginar lo que debe haber sentido David en ese momento. ¿Cómo hubiera sido posible que imaginara llegar a ser rey de Israel? ¿Acaso podía comprender lo que estaba sucediendo? No era más que un muchacho que cuidaba ovejas, que probablemente se preparaba para hacerse cargo algún día de los negocios de su padre. La tarea de pastor de ovejas era el trabajo más insignificante que una persona podía tener. Como hijo menor de Isaí, lo enviaban todos los días al campo para cuidar los rebaños mientras sus hermanos se ocupaban de las tareas "más importantes". Ni siquiera su padre lograba ver la grandeza interior del corazón de David. Estaba destinado a vivir y morir como un vulgar pastor de ovejas.

Sin embargo, Dios lo cambió todo. Dios veía el corazón de David y entró en escena para crear un pacto para él, un grandioso y glorioso futuro mucho mejor de lo que David siquiera podría haber soñado.

En ese tiempo, David se contentaba con pasar tiempo en los campos a solas con Dios. Corría por la pradera y cantaba al Señor, adorándolo y orando y respirando el aire fresco de la montaña. Temprano en la mañana, encontraba un lugar en una roca alta, observaba el majestuoso amanecer y aspiraba mientras los colores cambiaban de momento a momento. Cada mañana, mamaba el viento del norte y fortalecía sus huesos en la libertad de los espacios abiertos.

Fue aquí en los campos donde primero David se conectó con Dios. Aprendió a hablarle como a un amigo. Es por eso que los salmos de David son tan hermosos e inspiradores. En los salmos, él nos lleva a los días en que eran sólo él y Dios, danzando juntos en los campos, cuidando las ovejas, creciendo en amor y en amistad.

"Los cielos cuentan la gloria de Dios, el firmamento proclama la obra de sus manos… Un día comparte al otro la noticia, una noche a la otra se lo hace saber. … Dios ha plantado en los cielos un pabellón para el sol… Y éste, como novio que sale de la cámara nupcial, se apresta, cual atleta, a recorrer el camino. Sale de un extremo de los cielos y, en su recorrido, llega al otro extremo, sin que nada se libre de su calor" (Salmos 19: 1-2, 4-6).

Como pastor de ovejas, David amaba a Dios con pasión. Y Dios se daba cuenta.

UN PACTO PARA TI

¿Estás esperando un pacto de Dios, una visión, un propósito para tu futuro? ¿Estás anhelando hacer grandes cosas para Dios, servirle y amarlo hasta tu último aliento? ¿Estás queriendo que Dios defina un futuro glorioso para ti?

Entonces deja de tratar de hacerlo por tu cuenta. No intentes establecer un curso para tu vida y luego pedirle a Dios que lo bendiga. En cambio, invierte tu tiempo en conocer a Dios. Aprende a disfrutar de su presencia. A adorarlo con pasión. A alabarlo y amarlo desde las profundidades de tu alma. A obedecerle, hasta en los más pequeños detalles. A orar y meditar en su Palabra. A apreciar la gloria de la creación.

Aprende a poner tu corazón en Dios, y solamente en Dios, y Él se dará cuenta.

Hay una verdad que puedes saber con certeza: Dios tiene preparado un pacto a tu medida. Un plan y un propósito especiales reservados para tu futuro. Y es más glorioso de lo que jamás te podrías imaginar. Si Él no ha colocado este pacto en tu corazón, es solamente porque sabe que todavía no estás listo. Te está esperando. Mirando. Anhelando compartir esta visión contigo y ayudarte a que la abraces.

Y lo más triste es que mucha gente vive y muere sin haber recibido ni aceptado jamás este glorioso futuro que Dios tenía reservado para ellos.

Cuando era un muchacho veinteañero, tirado en el piso de mi dormitorio, confundido acerca de mi futuro, jamás podría haber imaginado los planes que Dios tenía para mi vida. No era más que un muchacho enamorado de Jesús, que anhelaba pasar el resto de mis días en su presencia. No tenía idea de que tuviera un pacto preparado para mí. No tenía idea de que tuviera un propósito tan poderoso reservado para mi vida.

Fácilmente pude haberlo ignorado y seguir otro rumbo. Cuando Dios puso sus planes en mi corazón, pude haber rechazado su pacto y seguir mi propio camino. Podría haberme convencido a mí mismo de que no había oído bien o decidido que tenía ideas diferentes para mi carrera, y perderme la vida que Dios tenía reservada para mí.

Por entonces, ni siquiera podía comenzar a imaginarme a mí mismo como evangelista. Era joven y sin preparación. No tenía las aptitudes que pudieran hacerme pensar que podría predicar frente a una audiencia. Mi conocimiento de la Biblia era inmaduro y limitado. Mi acento era muy marcado. Mis modales eran inadecuados. No era más que un chico avispado, y eso era todo lo que tenía.

Pero amaba apasionadamente a Jesús y estaba decidido a obedecer a Dios, fuera lo que fuese que me mandara hacer. Así que acepté su pacto poco a poco, día a día, mes a mes. Me esforcé por seguir siendo fiel. Y Dios nunca me falló.

Todavía recuerdo las primeras veces en que me pidieron que diera mi testimonio ante una multitud. La sola idea me hacía morir de susto, y cada vez quería escapar, ocultarme o simplemente encontrar empleo en alguna parte y vivir una vida tranquila. Pero sabía que Dios me estaba preparando, acicalando, empujándome a cosas más grandes. Así que obedecí a Dios y hasta pasé por tonto varias veces. Acepté el futuro que Dios tenía reservado para mí. Y por eso pude vivir una vida de gozo y plenitud que jamás hubiera podido imaginar.

Sigo siendo ese muchachito que miraba el cielorraso del dormitorio, preguntándome qué tiene Dios guardado para mí. Sigo maravillándome ante los planes que Él tiene para mi futuro. Sigo preguntándome adónde me llevará ahora, y qué querrá que haga. No estoy tan confundido como estaba antes, pero todavía soy incapaz de comprender las grandes cosas que Él tiene reservadas. Todos los días, Dios me sorprende con posibilidades nuevas y emocionantes.

Mi vida se define como una serie de pactos con Dios, y cada uno desempeña un pequeño rol en su gran visión para mi vida, que Él puso en marcha hace más de cuarenta años. Me ha hecho incontables promesas a través de los años y nunca dejó de cumplirlas. Él nunca fue infiel, aunque mi propia fidelidad a veces se quedó corta.

Aunque nunca desobedezco intencionalmente a Dios, en ocasiones, he tomado caminos equivocados. Muchas veces me aparté de Dios, tratando de hacer las cosas por mi cuenta, pero Dios siempre me hizo volver. Siempre estuvo conmigo. Siguió preparándome y discipulándome, ayudándome a cumplir el propósito que Él había reservado para mi futuro.

Sigo tomando uno que otro atajo o desvío de vez en cuando, y es probable que continúe haciéndolo hasta el día de mi muerte, pero sé que Dios nunca me dejará. Como David, pienso pasar el resto de mis días sirviéndole, amándolo, siguiéndolo. Y con mi último aliento cantaré: "Pues tu amor es tan grande que llega a los cielos; ¡tu verdad llega hasta el firmamento!" (Salmo 57:10).

CAPÍTULO 14

DESVÍOS EQUIVOCADOS

Mi primer empleo en el ministerio fue con Teen Challenge (Desafío Juvenil) en Nueva York. Después del Instituto Bíblico, Dios me envió de regreso a ministrar en las calles donde una vez corría sin rumbo y aterrorizaba a todo el que se cruzara en mi camino. Las calles donde seguía viviendo mi pandilla.

David Wilkerson fundó Teen Challenge (Desafío Juvenil) como un alcance a las calles de Nueva York, y luego me pidió que fuera el primer director. Yo no tenía idea de por qué Dios me había llamado a volver a la ciudad, pero confíe en Él y allí fui.

Fue durante esa época que una editorial me propuso escribir mi primer libro. *La cruz y el puñal,* el libro de David Wilkerson sobre mi conversión, se había convertido en un éxito de ventas internacionalmente, y puso en el candelero mi nombre y mi historia. Así que una editorial me propuso que yo mismo escribiera mi propia historia. Al principio, sentí una traba en mi espíritu y no quise aceptar. Me negué la primera vez que me llamó, pero él editor persistió. Me habló del dinero que podríamos ganar y de las posibilidades de una película en el futuro, y yo ya no encontraba razones para resistirme. Así que le dije que me enviara un contrato y que lo firmaría.

Durante el proceso, seguí sintiéndome incómodo sobre el tema. No estaba seguro del motivo y oré pidiendo a Dios que me diera paz. Pero no llegaba. Seguí orando, y el editor seguía diciéndome lo entusiasmados que estaban en la editorial por este libro. Así que tomé valor y avance con el proyecto. Ya había firmado un contrato y no podía imaginar que Dios fuera a querer que me retractara.

Un día, estaba hablando con Gloria y le pregunté: "¿Cómo te sientes acerca de que yo cuente mi historia?".

Gloria pensó durante un momento y respondió: "Si eso es lo que Dios quiere que hagas, debes hacerlo. Es tu historia y solamente tú puedes responder esa pregunta. Si Dios quiere usar tu pasado para su gloria, debes dejar que publiquen tu historia. Sé que tu pasado es brutal, pero nuestros hijos lo entenderán. Dios lo resolverá".

Y aunque todavía no me sentía del todo convencido, seguí adelante con el libro. No teníamos un título y la editorial me presionaba para que presentara uno. Oré al respecto, pero nada. Entonces, un día vi a mi bebita, Alicia, corriendo y riendo en la cocina. Se veía tan graciosa con su pañal colgado por atrás. Reí y dije sin pensarlo: "Corre, bebé, corre".

En ese momento, supe que tenía un título para mi libro: *¡Corre Nicky!, ¡Corre!* Era la descripción perfecta de la vida que había llevado antes de conocer a Jesús. Llamé a la editorial y se mostraron entusiasmados. Por fin teníamos un título.

La versión en inglés de *¡Corre Nicky!, ¡Corre!* se publicó en 1968, e inmediatamente fue un éxito de ventas. Nadie estaba preparado para el éxito de este sencillo libro escrito por un desconocido muchacho del gueto y publicado por una editorial relativamente pequeña. Comenzó siendo un éxito de ventas y luego llegó a ser un "fenómeno editorial". Hoy, más de treinta y cinco años después, sigo oyendo que se le menciona como un "clásico cristiano". El libro se sigue publicando en más de cuarenta países y sigue siendo un éxito de ventas.

¿Cómo podría haber imaginado lo que Dios tenía planeado para este sencillo libro? ¿Y cómo podría haber comprendido el modo en que Dios utilizaría mi historia para llegar a gente de todo el mundo? Todavía no entiendo por qué eligió hacerlo.

Sin embargo, nunca he olvidado la traba que sentía en mi espíritu mientras se escribía. ¿Por qué me sentía tan incómodo? ¿Por qué Dios parecía guardar silencio cuando yo oraba pidiendo que me guíe? ¿Qué estaba tratando de decirme?

No ver el propósito de Dios

Hoy, estoy convencido de que —aunque Él quería que relatara mi historia— Dios intentaba guiarme hacia una editorial diferente. El nerviosismo que sentía era la advertencia de Dios en mi corazón. Él trataba de ganar mi atención. Pero en mi inmadurez, no lo vi.

En mi último libro, *Un fuego sagrado*, revelé por primera vez los numerosos problemas que tuve que enfrentar durante la publicación de mi primer libro. No lo hice para abrir viejas heridas, sino simplemente para mostrar cómo Dios puede obrar a través de nuestros fracasos y utilizarlos para bien. Aunque *¡Corre Nicky!, ¡Corre!* fue un éxito de ventas mundial, yo casi no recibí dinero por él. La editorial siempre parecía tener una excusa para eso, pero ahora parece obvio que se estaban aprovechando de mí. Y yo no tenía idea de cómo combatir el problema. Sigo sin conocer los detalles de la dinámica del proceso, y sólo sé que Dios utilizó el libro para su gloria —y sigue haciéndolo— a pesar de las intenciones o motivos erróneos de la editorial.

Pero Dios intentó advertirme. Trató de llamarme la atención y guiarme hacia otro lado, quizás hacia una editorial más grande y con trayectoria. Estoy seguro de que la bendición de Dios estaba sobre mi libro, pero también de que Él tenía otros planes sobre cómo debía publicarse. Y si yo le hubiera prestado atención o hubiese podido reconocer sus advertencias, me habría ahorrado muchos dolores de cabeza a lo largo de los años.

Fue solamente un ejemplo de cómo Dios me ha enseñado a escuchar cuando Él intenta hablarle a mi corazón. Con frecuencia, siento que Dios me guía, dirigiéndome a un camino diferente, mostrándome su voluntad. Y en muchas instancias como ésta, he aprendido poco a poco a reconocer sus amables codazos y palmadas.

UN CAMINO DISTINTO

Éste no fue el único desvío que tomé de los muchos caminos que Dios puso ante mí a lo largo de mi vida. He pasado mucho tiempo yendo en la dirección equivocada y, sin embargo, Dios siempre parece traerme de vuelta. Dios nunca ha olvidado el pacto que hizo conmigo hace muchos años en mi habitación de California y, no importa cuántas veces me aparte de mi llamado, Él sigue siendo fiel.

En los comienzos de mi ministerio, desarrollé un gran amor al trabajo con adolescentes, y a menudo he deseado poder hacer un trabajo cotidiano en colaboración más estrecha con ellos. Como evangelista, no siempre logro hacerlo. Hablo a grandes multitudes y luego ministro a quienes vienen adelante para orar, pero no es lo mismo. Muchas veces me voy al día siguiente y no los vuelvo a ver.

Mis años como director de Teen Challenge (Desafío Juvenil) en Nueva York me enseñaron lo gratificante que puede ser trabajar con jóvenes en un centro. Allí ministrábamos a drogadictos en recuperación, adolescentes alcohólicos y chicos que venían de hogares destruidos o abusivos. Trabajábamos con chicos prófugos, con prostitutas y miembros de las pandillas, chicos que habían atravesado el infierno en sus cortas vidas. Allí yo podía vivir entre ellos y abrazar su dolor cuando venía. En el centro, teníamos catres y colchones en el piso, y siempre estaban ocupados por drogadictos que atravesaban el síndrome de abstinencia o por pandilleros y prostitutas que buscaban un lugar donde descansar y esconderse del mal.

Muchas veces durante la noche, los oía gritar y bajaba las escaleras para encontrarlos retorciéndose de dolor o sacudiéndose a causa de una pesadilla. Los cubría con mantas abrigadas o les ponía un trapo mojado en la frente para que pudieran volver a dormirse. Aunque yo también era joven, era como un padre para ellos, el único padre que muchos habían conocido. Podía hablar con ellos, abrazarlos, alimentarlos y ayudarlos de cualquier manera posible. Si vomitaban en el piso, yo buscaba trapos y lo limpiaba. Si necesitaban hacer una llamada, les discaba el número. Si necesitaban llorar, yo estaba allí para llorar con ellos. Fue una de las épocas emocionalmente más agotadoras de mi vida. Y también fue —por mucho— la más gratificante.

Un centro en Raleigh

A causa de esta experiencia, yo soñaba con construir centros para adolescentes en todo el país. Anhelaba pasar mis días dirigiendo uno de los centros, quizá viviendo en el mismo barrio y haciendo que mi familia ayudara con las tareas diarias. Estaba seguro de que Dios bendeciría tal emprendimiento porque Él era quien había puesto una carga por los adolescentes en mi corazón.

A lo largo de los años, hemos abierto más de diecisiete centros en distintas ciudades, y Dios siempre bendijo nuestros esfuerzos. Pero yo nunca me permití la libertad de dirigir los centros que abrimos. Una vez abiertos y en funcionamiento, los entregaba en manos capaces y continuaba con mi obra como evangelista. Pero en algún lugar de mi corazón siempre anhelé establecerme y pasar mis días trabajando con adolescentes en uno de nuestros centros. Muchas veces me pregunté si Dios me lo permitiría.

En una época de mi vida, hace años, mudé a mi familia a Raleigh, en Carolina del Norte, y allí abrimos un centro para chicas. En mi mente visualizaba que sería una extensión de mi ministerio. Seguiría siendo evangelista y viajaría donde Dios me llevara, pero pasaría mi tiempo libre dirigiendo el centro. Gloria me recordaba siempre que no era eso a lo que Dios me había llamado, pero yo no la escuchaba.

Fue un emprendimiento muy gratificante. Todavía recuerdo el día en que dedicamos el centro. Gloria estaba encinta de nuestra cuarta hija, Elena, en ese momento. Nunca se había sentido tan mal durante un embarazo.

Elena fue concebida en Sudáfrica y suelo bromear con eso. "Por eso tienes un acento tan particular", le digo.

Gloria es una mujer fuerte y puede soportar mucho dolor, pero este embarazo realmente la estaba agotando. No podía dormir, tenían los pies hinchados y a menudo casi no se podía mover. Lo único que yo podía hacer era intentar que no hiciera nada, lo cual no es fácil con Gloria.

Una de las mejores amigas de Gloria en Raleigh era Anne Graham Lotz, la hija de Billy Graham. Anne fue una enorme ayuda para Gloria durante su embarazo. Yo me sentía culpable porque tenía que viajar mucho y trabajaba en mi tiempo libre para preparar el centro que íbamos a abrir, así que era bueno saber que Gloria tenía a Anne a su lado.

Para la época en que el centro estuvo listo para ser dedicado, a Gloria le faltaban pocas semanas para el parto. Durante todo el embarazo, había sufrido terribles dolores. El centro era un bello edificio, finamente decorado, como una pequeña mansión. Y mucha gente destacada vino a la inauguración. Anne estuvo presente junto con el senador Jesse Helms y otros numerosos congresistas y celebridades. Los periodistas vinieron a registrar el evento. Yo me sentía muy mal porque Gloria estaba muy incómoda y dolorida. No pudo disfrutar de la dedicación aunque había trabajado tanto para que este centro se abriera.

Durante la ceremonia, Gloria observó a una joven rondando cerca de la entrada del centro. Se acercó a hablar con ella. Se llamaba Mary, y no tenía dónde ir. Se había enterado de nuestro centro para adolescentes y vino a ver si estaba abierto. Gloria la tomó de la mano y la llevó a recorrer los pasillos, hacia una de las habitaciones del fondo. Allí las dos se sentaron y hablaron durante gran parte de la ceremonia.

En un momento dado, me pregunté donde había ido Gloria y la encontré en esta sala conversando con la joven. Gloria le estaba testificando y lloraba con ella. Se había olvidado totalmente de su dolor y casi había olvidado también la ceremonia del salón principal. Esa noche, Gloria condujo a Mary a Cristo, y esta joven fue nuestra primera conversa del nuevo centro.

¿Qué mejor forma de dedicar un centro de adolescentes al honor de Dios que llevar a alguien a la salvación en medio de la ceremonia de inauguración? La casa debía estar llena de intelectuales y otra gente importante, pero el evento que más le importaba a Dios era el que estaba sucediendo en una sala al fondo.

Más que cualquier otra historia que pueda yo recordar, es ésta la que define el tipo de persona que es Gloria. Ella ama a la gente con pasión, y su corazón es del tamaño de Texas. Tiene una verdadera obsesión del alma. Nunca he conocido a alguien tan auténtico, genuino y afectuoso. Y ya hemos perdido la cuenta de cuántas personas ha traído a Cristo. Es por eso que la amo tanto.

¿Mejor o lo mejor?

Nuestro centro para adolescentes de Raleigh tuvo tremendo éxito a lo largo de los años. Ministramos a cientos de adolescentes y trajimos a la mayoría de ellas a Cristo. Era claro que la bendición de Dios estaba sobre nosotros. Sin embargo, cuanto más crecía el centro, menos tiempo tenía yo para evangelizar. Seguía viajando todo lo posible, pero muchas veces tenía que rechazar invitaciones para hablar en alguna cruzada o evento evangelístico.

Esto no me molestaba mucho al principio, porque prefería estar en casa y el centro. Pero poco a poco comenzó a molestarme más. De alguna manera, no lo sentía correcto. Me gustaba mucho supervisar el centro y trabajar junto a Gloria, ministrar a las jóvenes que venían por ayuda; pero en mi corazón yo sabía que Dios me había llamado para un propósito diferente. Y Gloria también lo sabía.

Un día vino a hablarme, frustrada: "Nicky, yo sé cuanto amas a estas chicas. Sé que te gusta hacer esto. A mí también me gusta. Pero ¿es esto lo que Dios quiere que hagas? Siempre has dicho que Dios te llamó a evangelizar, y ahora estás pasando en el centro más tiempo del que pasas hablando. ¿Has orado acerca de esto? ¿Ha cambiado Dios tu llamado?".

Sé qué difícil fue para Gloria decirme esto porque ella amaba mucho el centro. Y también le gustaba mucho que yo pudiera pasar tiempo en casa con ella y las niñas. Sin embargo algo, en su espíritu le decía que tenía que confrontarme, y obedeció.

De varias maneras, yo había estado sintiendo lo mismo. Siempre he sido sensible a la guía de Dios, y al principio de mi ministerio le prometí que jamás rechazaría una oportunidad para evangelizar cuando Él me la presentara, y —sin embargo— ahora me encontraba buscando excusas para quedarme en casa. En mi espíritu, yo sabía lo que Dios quería que hiciera, pero me costaba mucho hacerlo.

En lo más profundo de mi corazón, sabía que Gloria tenía razón. Y aunque me gustaba mucho dirigir el centro y estábamos haciendo mucho, me había desviado de mi verdadero llamado. Era una buena obra, pero no era aquello para lo cual Dios me había apartado.

Pasé mucho tiempo orando y meditando en los meses siguientes, buscando la guía de Dios. Y cuánto más lo hacía más claro lo veía. Dios hizo un pacto conmigo. Me convirtió en un evangelista. Y siempre me bendijo cuando permanecí fiel a ese propósito. Era hora de volver al camino y abrazar mi pacto.

Mientras seguía buscando a Dios, sentí que me decía que debía entregar el centro en manos capaces y mudar mi familia a Colorado Springs, Colorado. Era un pedido extraño porque no conocíamos a nadie allí, pero Dios no me daría descanso hasta que obedeciera. Gloria se sintió terriblemente triste cuando le hablé de esto porque había hecho buenos amigos en Carolina del Norte, pero sabía que teníamos que obedecer.

Dejar a nuestros amigos en Raleigh fue una de las cosas más difíciles que hayamos tenido que hacer. Y en ese momento, no teníamos idea de por qué Dios nos estaba llamando a ir a otro lugar. Sin embargo, ahora después de varios años, podemos ver lo que Dios tenía guardado para nosotros. Si no nos hubiéramos mudado, los ministerios TRUCE nunca habrían sido creados. Y nunca habríamos conocido a Jim y Mary Irwin, dos personas que han hecho un impacto imborrable en nuestras vidas.

LA PERFECTA VOLUNTAD DE DIOS

Entonces, ¿cómo se siente Dios cuando nos desviamos el camino donde él nos ha puesto? ¿Le importa verdaderamente a Dios cuando nos desviamos de una buena obra hacia otra obra igualmente noble y virtuosa? ¿Por qué le importaría a Dios si yo ministraba a jóvenes en un centro para adolescentes o si daba testimonio frente a multitudes en un estadio repleto? Ambas tareas llevan a la gente a Jesús. Ambas están expandiendo el reino. Y ambas son cosas cercanas al corazón de Dios. ¿Es realmente tan importante para Dios el modo en que le servimos como el hecho de que le sirvamos?

Muchos no estarán de acuerdo conmigo en este punto, pero estoy convencido de que Dios tiene un rol específico reservado para cada uno de nosotros. Nos ha dado dones, talentos y deseos únicos, y ha creado un pacto individual para cada uno de nosotros, de acuerdo a estos dones. "Porque yo sé muy bien los planes que tengo para ustedes" nos dice Dios a través de su profeta y Jeremías (29: 11). Nada queda librado al azar cuando viene de Dios. Mucho antes de crearnos, sabía lo que quería que hiciéramos. Conocía a la gente a quien quería que tocáramos y que quería poner en nuestra vida para que nos tocaran a nosotros. Tú y yo fuimos creados con un propósito, y el perfecto plan de Dios es que abracemos ese propósito.

Dios puede usar nuestros desvíos para bien, pero anhela que mantengamos el curso. Porque lo que tiene reservado es mucho mejor que lo que podríamos encontrar por nuestra cuenta. Conozco a un hombre que era pastor en una iglesia grande de Brooklyn. Tenía un ministerio poderoso y floreciente para los pobres. Trabajé con él varias veces y era fácil ver que él era la persona adecuada para esta iglesia. La gente se acercaba a oírle hablar y su congregación florecía.

Sin embargo, recibía presiones de parte de algunos de los miembros más acaudalados para que mudara su iglesia a Staten Island, a un barrio más respetable y de clase media. El pastor se resistió durante un tiempo, pero pronto la presión fue mayor. Los miembros seguían insistiendo en la mudanza y hasta comenzaron a buscar un lugar donde reubicar la iglesia.

El pastor finalmente cedió. La iglesia vendió su edificio y mudó a la congregación a un bonito edificio en Staten Island. Mucha gente pobre no podía llegar hasta ahí, y debieron encontrar otras iglesias donde congregarse. El pastor seguía predicando buenos sermones, pero era claro que su corazón estaba en Brooklyn. Se había desviado del llamado que Dios tenía para él.

Su nueva iglesia prosperó y continuó creciendo y prosperando, pero los que conocemos a este pastor y conocemos su corazón sabemos que tendría que haberse quedado en Brooklyn. Dios bendijo su nuevo ministerio, pero hubo mucha gente herida en el proceso. Sigue siendo un pastor fuerte con un ministerio que florece, pero estoy convencido de que Dios tenía —y sigue teniendo— otros planes para él.

¿Qué bendiciones perdió este pastor al desviarse del plan del pacto de Dios para su vida? Quizá nunca lo sepa.

¿Y qué bendiciones perdí yo durante los años en que me desvié del plan del pacto de Dios para mi vida? Quizá nunca me entere, ¡al menos no hasta que llegue al cielo!

Seguir el camino correcto

Todos nos desviamos del plan de Dios y lo haremos hasta el día de nuestra muerte. Pero Dios es paciente y fiel de todos modos. Sin embargo, ¿cuánto mejor serían nuestras vidas si nos esforzáramos cada día en seguir en el curso que Dios ha puesto delante de nosotros? ¿A cuántas personas podríamos bendecir si permitiéramos que Dios obrara a través de nosotros cada día? ¿Cuánto más efectivos seríamos en la vida y el ministerio si tan sólo aprendiéramos a dejar que Dios establezca nuestra agenda?

Sigo sin estar seguro de por qué Dios eligió tomarme cuando era un joven cristiano y moldear en mí un evangelista. Todos los días veo predicadores que son mucho más elegantes y que se expresan mejor que yo. Me pregunto por qué Dios no hace que ellos hablen a las multitudes en lugar de enviarme a mí. Fácilmente podría haberme utilizado para dirigir centros de adolescentes, como pastor de una iglesia o para trabajar en algún otro ministerio. Sin embargo, éste es el pacto que Dios hizo para mí, así que lo cumplo del mejor modo que sé hacerlo.

¿Qué hay de ti? ¿Has abrazado el pacto que Dios reservó para tu vida? ¿Has buscado el propósito de Dios para tu vida y luego te has esforzado para cumplirlo? ¿O estás viviendo tu vida de un desvío a otro?

Ésta es una pregunta que todos tenemos que formularnos. Y de la cual Dios está esperando la respuesta

CAPÍTULO 15

CEGADOS POR EL PECADO

No siempre nuestros desvíos son inocentes. A veces, nuestros desvíos nos llevan por los caminos del pecado y la desobediencia, a lugares alejados de Dios y del plan que Él tiene para nuestra vida.

Conozco a muchos pastores que habiendo tenido florecientes ministerios luego quedaron atrapados en el pecado y la corrupción. Algunos han caído en el adulterio o en otros pecados sexuales. Otros cometieron actos de codicia o desobediencia. Y hay todavía otros que simplemente fracasaron en vivir de acuerdo al llamado que Dios les hizo.

Cierto evangelista tenía una poderosa unción sobre su ministerio. Dondequiera que hablaba llenaba estadios, y miles de personas llegaban a Cristo a través de su testimonio. Su ministerio tocaba vidas en todo el mundo, y Dios lo usaba poderosamente. Hasta que se involucró con otra mujer. Intentó esconder su aventura, y durante un tiempo lo logró. Pero luego, todo se descubrió y el escándalo público lo arruinó. Al final, él dejó a su amante e intentó reconstruir su matrimonio, pero el daño ya estaba hecho. Su ministerio cayó y su influencia menguó hasta desvanecerse.

Hoy está intentando reconstruir su vida. Está hablando en público nuevamente, buscando recuperar el ministerio que perdió, pero nunca será lo que fue. La credibilidad que perdió no se podrá recuperar jamás.

Proverbios 6:32-33 nos dice: "Pero al que comete adulterio le faltan sesos; el que así actúa se destruye a sí mismo. No sacará nada más que golpes y vergüenzas, y no podrá borrar su oprobio".

Muchos ministros aprendieron esta lección cuando ya era demasiado tarde.

Un hombre según el corazón de Dios

No hay nadie que conozca mejor el daño que puede hacer el pecado que el Rey David.

¿Quién vivió más en la bendición de Dios que el Rey David? Como rey de Israel, tenía todo lo que un hombre pudiera querer; todos los privilegios que un hombre pudiera imaginar. Vivía y comía en el mejor palacio del mundo, y estaba rodeado de sirvientes, amigos y mujeres que lo adoraban. Era rico más allá de toda imaginación. Su palacio estaba repleto de oro, joyas preciosas y ricas telas, riquezas que excedían toda comparación.

Como líder del enorme ejército de Israel, era un guerrero intrépido, un poderoso general. Nada lo intimidaba. Los enemigos temblaban al verlo. Los amigos se inclinaban a su paso. Las mujeres desmayaban ante su poder y presencia. Sabía que se movía bajo la protección de Dios, y no temía a ningún hombre. No había ejército que pudiera obstaculizar su camino, ni soldado que sobreviviera a una confrontación con la espada de David.

Desde niño, David conocía el poder y la protección de Dios. Hasta los hombres maduros se acobardaron al ver al gigante Goliat, pero no David. Lo venció sin nada más que una honda, haciendo que el gigante cayera. Enfrentó leones con las manos desnudas, y a osos con sólo una lanza. Dios tomó a un pequeño, insignificante muchacho campesino, un pastor, ¡y lo convirtió en un poderoso guerrero y rey!

No hubo gobernante que tuviera la clase de amor y respeto que disfrutó David. El pueblo lo amaba, y sus siervos lo obedecían sin cuestionar, sus esposas satisfacían todos sus deseos y necesidades ¿Qué hombre ha vivido con tal bendición? ¿Tal favor? ¿Tal gracia y aprobación del Creador?

Pero todo eso empalidecía en comparación con su relación con Dios. Él amaba a Dios con pasión y lo adoraba con abandono. Aun en medio de sus muchas obligaciones, David pasaba horas escribiendo canciones y poemas a Dios, cantándole desde su corazón, cortejando al Creador del universo como corteja un amante a su amada. Todo el oro, la plata y las riquezas del mundo no significaban nada para David en comparación con su relación con Dios. Este era el secreto de su poder. Lo que hacía de David tan poderoso gobernante y rey.

Él sabía sin la menor duda que nada podía hacer sin Dios. Lo supo desde que era un pastorcito que cuidaba las ovejas de su padre. Aun entonces David dependía de Dios cada vez que respiraba, cada vez que se despertaba. David sabía que Dios daba fuerza a sus huesos, sangre a sus venas, sabiduría a su mente y valor a su corazón. Y nunca cuestionó esta verdad.

"Es él [Dios] quien me arma de valor, escribió David, y endereza mi camino; da a mis pies la ligereza del venado, y me mantiene firme en las alturas; adiestra mis manos para la batalla, y mis brazos para tensar arcos de bronce. Tú me cubres con el escudo de tu salvación; tu bondad me ha hecho prosperar. Me has despejado el camino; por eso mis tobillos no flaquean. Perseguí a mis enemigos y los destruí; no retrocedí hasta verlos aniquilados. Los aplasté por completo. Ya no se levantan. ¡Cayeron debajo de mis pies! Tú me armaste de valor para el combate; bajo mi planta sometiste a los rebeldes" (2 Samuel 22:33-40).

El rey y guerrero más grande que haya vivido sabía con precisión qué era lo que lo hacía grande. Sabía que no era nada sin su Señor y Salvador. Pero ni el amor incomparable, insaciable e inequívoco de David por Dios le impidió fijarse en una bella mujer.

CEGADO POR LA BELLEZA

¡Qué bella ha de haber sido Betsabé para hacer perder la cabeza al rey David! ¿Qué tipo de mujer sería para distraer a un hombre tan total y completamente enamorado de Dios?

David tenía miles de mujeres para elegir, tanto esposas como concubinas. Seguramente habría decenas de mujeres sumamente atractivas entre ellas. Mujeres que estaban dispuestas a entregarse a él en cualquier momento. Mujeres legal y moralmente libres para hacerlo. Pero con sólo echarle un vistazo a Betsabé, David las olvidó a todas. Una mirada a la espectacular belleza de la terraza de la casa vecina, y David perdió todo sentido del bien y el mal. Una mirada de Betsabé hizo lo que Goliat no pudo lograr, lo que miles de guerreros y feroces animales no pudieron hacer. Puso a David de rodillas.

Por una noche en los brazos de Betsabé, David estuvo dispuesto a dar la espalda a todo lo que sabía que era correcto, justo y moral. Estuvo dispuesto a comprometer todo lo que Dios había hecho por él, cada bendición que Dios le había dado, cada uno de los principios que le eran tan preciados, cada soldado que hubiera muerto por él y cada mujer que lo hubiera amado.

David estaba dispuesto a deshonrar al Dios que lo había convertido en lo que era, quien le había dado todo lo que tenía, por un único momento de pasión en los brazos de Betsabé.

Si no piensas que Satanás sabe cómo hacer caer a un hombre, entonces no sabes nada de Satanás. En el momento de nuestra mayor fuerza, él sabe cómo encontrar nuestro único punto débil. Y sabe exactamente cómo apuntar a esa grieta de nuestra armadura.

Betsabé era la única mujer de todo Israel lo suficientemente bella como para destruir a David, y Satanás la puso justo junto al palacio. Es un enemigo frío y astuto, y nadie debe subestimarlo nunca. Ningún hombre debería creerse invencible ante el pecado.

EL PRECIO DEL PECADO

David pagó un alto precio por su cita amorosa con Betsabé. Sus manos quedarían manchadas para siempre con la sangre de Urías, y su hijo ilegítimo le sería quitado. Se deshonró a sí mismo ante sus amigos y sirvientes. Y lo peor de todo es que comprometió su relación con Dios. "Yo haré que el desastre que mereces surja de tu propia familia, le dijo el Señor a David, y ante tus propios ojos tomaré a tus mujeres y se las daré a otro, el cual se acostará con ellas en pleno día. Lo que tú hiciste a escondidas, yo lo haré a plena luz, a la vista de todo Israel" (2 Samuel 12:11-12).

Y para colmo de males, David perdió el privilegio de construir el templo de Dios. La tarea sería asignada a su hijo Salomón. ¿Podemos imaginar siquiera lo que habrá pensado David? ¿Lo que habrá vivido? ¿Cuánto habrá agonizado por su pecado con Betsabé?

David había vivido su vida entera en el favor y la gracia de Dios. No había nada que quisiera más que la aprobación de Dios. Nada significaba más para él que sentir a Dios cerca. Reposar en su presencia. Danzar con su Señor y Salvador.

Qué frío y estéril habrá sentido su palacio. Qué vacíos deben haberle parecido el oro, la plata y las piedras preciosas a su alrededor. Puedo verlo, sentado en un frío y oscuro rincón de su exquisito dormitorio, con las rodillas recogidas bajo el mentón, y las mejillas mojadas por las lágrimas de pesar, clamando a Dios, rogándole que viniera cerca, que lo perdonara, que otra vez lo llevara a su presencia. "No me quites tu Espíritu", gritó en agonía. "¡No soy nada sin mi Hacedor, mi Salvador, mi Amante!" (ver Salmo 51:11).

¿Volvió su mente a los días de su infancia, los días de cuidar ovejas en los campos? Se imaginó a sí mismo danzando y cantando una vez más con Dios, alabándolo de la mañana a la noche, regocijándose en su presencia, riendo mientras conversaban y caminaban juntos. Se vio a sí mismo sonriendo mientras Dios le tocaba la mejilla, acariciaba su cabeza y besaba su corazón. Se imaginó apoyado contra una roca mientras las ovejas pastaban en los campos, escribiendo una carta de amor a Dios, con línea tras línea de preciosas palabras de adoración. Páginas y páginas de alabanza. Cántico tras cántico de elocuentes salmos que expresaban su inmortal afecto por su Señor y Salvador.

Se vio como un muchacho sentado en el suelo de su pobre, fría y húmeda casa de los campos. El viento del norte le mordía la piel y se filtraba por la ventana de su choza. Se abrigó con la manta para defenderse de la brisa fresca. Era tan feliz entonces, tan pobre, pero tan enamorado de Dios. Tan seguro de la gracia de Dios sobre su vida. Tan contento con las pequeñas bendiciones que el Señor le había dado. Día tras día, se sentaba a meditar en la gloria de Dios, imaginando su rostro, sintiendo el favor de su Señor.

Anhelaba volver a esos días, volver a los días de sencillez, gracia e inocencia. Los días antes de que se encontrara cargado con las responsabilidades de ser un rey y un guerrero. Antes de que tuviera que ocuparse de finanzas, construcción, administración, transporte, maniobras militares, esposas, hijos, súbditos, soldados, guerras y ¡todas las cosas que acarrea ser un rey poderoso! *¿Por qué la vida es tan difícil ahora?*, pensó. *¿Tan complicada? ¿Tan agobiante? ¿Por qué no puede ser como antes? ¡No quiero todas las riquezas y responsabilidades! ¡No quiero un palacio! ¡No quiero gobernar! ¡Solamente quiero a mi Señor, mi Dios, mi Amor!*

El pecado de David le costó la única cosa sin la cual no podía vivir. La cosa que más atesoraba, necesitaba y anhelaba. ¡Le costó la proximidad de Dios!

Por más que lo intentara, ahora ya no podía sentir la presencia de Dios. No podía conectarse con su corazón. Y le dolía más de lo que podía soportar.

Un corazón que anhela a Dios

Por eso Dios amaba a David con tal pasión. Este es el corazón que Dios veía al mirar el pecho de David. Por eso David tenía tal favor con su Señor.

Y aún tras su mayor pecado, sus pensamientos se consumían con visiones de Dios, y anhelaba la cercanía y gracia de Dios. No le importaba lo que le costara su pecado mientras pudiera sentir de nuevo el favor de Dios. No le importaban las consecuencias físicas. Pagaría cualquier precio por sentir otra vez la aprobación de Dios, sentir su sonrisa, experimentar su abrazo amoroso.

¿Puedes identificarte con David? ¿Alguna vez te has encontrado lejos de Dios anhelando volver a estar en sus brazos? ¿Una vez más en su bendición? ¿Una vez más en su amoroso abrazo?

Hay circunstancias en mi vida en que las cosas se complican tanto, todo se vuelve tan difícil, en que las responsabilidades del trabajo, el ministerio y la familia me abruman. Hay momentos en que me encuentro tan ocupado haciendo la obra de Dios, que empiezo a alejarme de Él. Las exigencias de tiempo me aplastan, me empujan y me alejan de mi Señor. Y en cada esquina me encuentro cargado con más trabajo, más ocupaciones, más alejamiento de la presencia de Dios.

Me encanta lo que hago y cómo obra Dios a través de mi vida y testimonio, pero a veces me encuentro anhelando volver al pasado, volver al tiempo en que todo era más simple, a mis días en Teen Challenge (Desafío Juvenil), mucho antes de que nadie me conociera. A mis días de ministrar en las calles de Nueva York, de predicar en las calles, recogiendo drogadictos, prostitutas y pandilleros, ayudando a los más necesitados. No había fama, ni gloria, ni una planta de personal, ni estadios repletos de gente. Éramos solamente los chicos de la calle y yo. Los chicos que necesitaban a alguien con quien hablar. No tenía dinero ni notoriedad, pero sí tenía todo lo que necesitaba. ¡Tenía a Jesús!

Muchas veces encontraba un rinconcito en nuestro edificio, y me sentaba nada más que para hablar con Dios. Le cantaba y susurraba palabras de amor. Me regocijaba en su presencia. Lloraba lágrimas de gozo cuando Él derramaba su favor sobre mi corazón. Eran tiempos sencillos y preciosos de mi vida, y atesoro esos recuerdos con pasión.

Sé lo que sentía David. Yo también he equivocado el camino. He pecado contra mi Señor. Lo he decepcionado. No siempre permanezco en el camino que Él ha puesto ante mí. Sin embargo, Dios conoce mi corazón. Sabe cuánto lo amo y adoro. Cuando me desvío siempre me trae de regreso. Él siempre viene a mi lado, y me alberga bajo el manto de su gracia y bondad. Dios siempre perdona.

Desde el momento en que entregué mi corazón a Jesús, he sabido qué poco era lo que yo podía aportar a nuestra relación. Hay tanta gente mucho más talentosa que yo, más elocuente en el púlpito, con mejor labia para entregar su mensaje, con más conocimientos de teología. Hay gente con dones mayores para poner a los pies de Jesús. ¡Pero lo que yo traigo es un corazón completamente entregado a su bondad! Estoy tan enamorado de Jesús que a veces siento que el pecho me va a explotar. Mis huesos no alcanzan para contener mi adoración. ¡Mi vocabulario no puede expresar la profundidad de mi adoración! ¡Mis palabras jamás podrán hacer justicia al amor y la devoción que siento en mi corazón! ¡Hay veces que lloro en agonía por no poder expresar completamente mi amor!

Cuando leo los salmos de David, me siento emparentado con este hombre. Quisiera tener su capacidad para comunicar sus sentimientos por Dios con tanta elocuencia y gracia. Quisiera poder escribir como él. Tocar el arpa como él podía tocarla. No puedo decir que comparto su talento, pero creo que sí comparto su corazón. Sé lo que pasó David. Entiendo cómo se habrá sentido, sentado solo en su frío, oscuro palacio, añorando los días simples. Estaría añorando la cercanía y el favor de Dios.

Y por eso Dios lo amaba tanto. Por eso Dios dijo que David era un hombre según su corazón.

¿Puedes imaginar un elogio mayor? ¿Puedes pensar en algo que Dios haya dicho sobre alguien, de mayor peso que esto? Dios amaba el corazón de David. Estaba conectado con él. Los dos eran uno de la manera más íntima y poderosa posible. Dios se relacionaba con David, no por su aspecto, acciones o fuerza, sino por el estado de su corazón. El amor en su espíritu.

¿Hay acaso algún nivel más alto de comunión con nuestro Creador? ¿Puede una persona acercarse más a Dios que compartiendo la intimidad y los pensamientos de su corazón? ¿No anhelamos todos que Dios nos diga: "¡Amo tu corazón!"?

PERDER EL DERECHO A LAS BENDICIONES DE DIOS

Dios perdonó a David por su pecado, pero veamos las bendiciones a las cuales David perdió derecho al caer. Miremos lo que le fue confiscado a causa de su amorío con Betsabé, el costo oculto que pagó por desviarse del camino que Dios había puesto delante de él. "Yo te ungí como rey sobre Israel, dijo Dios a David, y te libré del poder de Saúl. Te di el palacio de tu amo, y puse sus mujeres en tus brazos. También te permití gobernar a Israel y a Judá. *Y por si esto hubiera sido poco, te habría dado mucho más*" (2 Samuel 12.7-8, énfasis añadido).

Dios estaba esperando junto al camino, con bendiciones que David ni siquiera había imaginado, bendiciones que deseaba derramar sobre su siervo. Bendiciones que podrían haber sido mayores a todo cuanto Dios ya había hecho por David en el pasado. Pero a causa de su pecado, David viviría y moriría sin llegar a enterarse de lo que eran. "Y por si esto hubiera sido poco, te habría dado mucho más", dijo Dios.

Nada agrada tanto a Dios como derramar maravillosas bendiciones sobre sus hijos. El cielo está repleto de gloriosas bendiciones que esperan ser derramadas sobre los siervos que permanecen fieles, siervos que abrazan el pacto que Dios ha creado para que permanezcan fieles a la voluntad y el propósito que él pone delante de ellos. Y estas bendiciones no están reservadas solamente para reyes y guerreros, sino también para ti y para mí. Para todo el que llame "Padre" a Dios.

Sin embargo, el cómo y cuándo de estas bendiciones dependen enteramente de nosotros. Es nuestra obediencia lo que las suelta de la mano de Dios y las trae a nuestra vida. Podemos vivir en la voluntad de Dios y experimentar cada día sus bendiciones o podemos ir por nuestro propio camino y perder el derecho a ellas.

NACIDOS PARA UN GRAN PROPÓSITO

Dios me reveló una verdad sobre mi madre hace varios años. Fue una revelación que me entristeció tanto como me abrió los ojos. Desde el día en que nació mi madre, Dios tenía un futuro glorioso reservado para ella. Estaba destinada a ser una maravillosa madre y educadora. Pero aún más, estaba destinada a hacer grandes cosas para el reino de Dios.

Mi madre estaba dotada de un poderoso sentido de penetración y discernimiento. Podía mirar a las personas y saber qué sentían o por qué cosas estaban pasando. Era capaz de entrar en el alma de la gente como pocos pueden hacerlo.

Y era muy hermosa y encantadora. Tenía llamativos ojos verdes y muy bellas facciones. Era una mujer menuda, delgada, con gracia y atractivo. La gente se sentía inmediatamente atraída hacia ella.

Dios dotó a mi madre con ilimitado talento y capacidad, y quería usarla para que hiciera grandes cosas para su reino en la tierra, que alcanzara un sinnúmero de almas para Cristo, que formara una buena familia, que fuera una excepcional esposa y madre.

Pero Satanás le impidió descubrir el propósito que Dios tenía para ella. La sedujo y desvió en su juventud, al introducirla en el mundo de lo oculto y encubrirle la verdad de la Palabra de Dios. Al atraer a mi madre a un mundo oscuro y malo, Satanás impidió que ella pudiera recibir las bendiciones que Dios le tenía preparadas. La limitó, la cegó y la redujo a la sumisión. Mi madre vivió la mayor parte de su vida encadenada, prisionera del maligno, completamente ignorante de la bondad y la misericordia de Dios.

El día en que mi madre se liberó de la maldición de Satanás, fue el día en que por fin comenzó a ver lo que Dios había planeado para su vida. Se convirtió en una persona diferente. Abrió los ojos por primera vez ¡y pudo ver! Vio el odio y la violencia con que había vivido, y lo aborreció. La enfermaba pensar cómo había tratado a su familia, cómo les había mezquinado amor, y vio el pecado que la había mantenido como rehén.

Esos hermosos ojos verdes que antes me miraban con tal odio y deseos de venganza, súbitamente se llenaron de amor. La tensión de su rostro se fue, y una paz tremenda vino sobre ella. Jesús entró en su corazón y se llevó cada gramo de miedo, cada atisbo de odio, cada sombra de desesperación y oscuridad. Ella cambió por completo. Por fin, mi madre pudo abrazar su propósito, su llamado, su glorioso futuro ante Dios.

Durante los últimos veinticinco años de su vida, mi madre vivió en la bendición y el favor de Dios. Se convirtió en la persona que ella debía haber sido desde que la creó. Se convirtió en una maravillosa esposa y madre. Todos los que la conocían fueron bendecidos por su bondad. Los amigos ni siquiera la reconocían Ya no era la persona con quien yo había crecido. Su vida había sido totalmente transformada por Jesús.

Fue sólo durante los últimos años de su vida que mi madre pudo ver el plan del pacto de Dios para ella. La sabiduría y comprensión que Él impartió en su espíritu comenzaron a crecer, florecer y desarrollarse. Mi madre pudo ayudar y ministrar a mucha gente durante ese tiempo, a gente que se asombraba por su nivel de entendimiento.

Una vez descubrí por mí mismo cuán sabia podía ser mi madre. A veces, Gloria y yo la visitábamos o nos quedábamos en su casa, y observé que mi madre se esforzaba mucho por ser amable con Gloria. La elogiaba y veía sus virtudes. Apenas Gloria entraba en una habitación, mi madre se acercaba y le decía cosas bellas mientras la tomaba del brazo: "Te ves muy linda hoy, Gloria", le decía. "Eres una muy buena esposa para Nicky."

A Gloria solía resultarle embarazoso ese exceso de elogios. Estoy seguro de que mi madre simplemente trataba de compensar los años en que había estado tan enojaba y vengativa, así que una vez le hablé a solas sobre esto. "Sabes cuánto te amamos Gloria y yo", le dije. "Y también las niñas. No hace falta que te esfuerces por ganar nuestro amor. Te amamos tal como eres."

Sonrió y me dijo: "Hijo, la razón por la que soy tan amable con tu esposa es porque sé que ella te tratará como yo la trate a ella. Si la amo, sé que tú siempre tendrás su amor también."

Fue un bocado de sabiduría que jamás olvidaré. Y no es más que un ejemplo de la penetración y discernimiento que Dios confirió a mi madre.

Sin embargo, me sigue enojando pensar en todos los años que estuvo privada de la posibilidad de aceptar el propósito divino para su vida.

Moverse en la bendición de Dios

"Ten compasión de mí, oh Dios, conforme a tu gran amor, oró David después de su pecado, conforme a tu inmensa bondad, borra

CEGADOS POR EL PECADO

mis transgresiones. Lávame de toda mi maldad y límpiame de mi pecado. Yo reconozco mis transgresiones; siempre tengo presente mi pecado. Aparta tu rostro de mis pecados y borra toda mi maldad. Crea en mí, oh Dios, un corazón limpio, y renueva la firmeza de mi espíritu" (Salmo 51:1-3,9-10).

El pecado de David lo alejó del rostro de Dios más de lo que imaginaba que podía llegar. El mayor dolor de su vida vino durante el tiempo en que estuvo lejos de la mano de Dios, de su bendición y favor. No podía soportar la idea de perder su relación con Aquel a quien amaba más que a nadie.

"No me alejes de tu presencia ni me quites tu santo Espíritu. Devuélveme la alegría de tu salvación; que un espíritu obediente me sostenga" (versículos 11-12).

David pagó caro su pecado, pero no permitió que éste lo definiera. Cuando recobró el sentido, clamó a Dios que lo perdonara, y Dios entusiastamente lo volvió a recibir. Pero esto no borró las consecuencias derivadas de su pecado.

El mayor placer de Satanás en la tierra es impedir que las almas acepten las bendiciones del pacto de Dios. Es poner piedras en el camino para que el pueblo de Dios tropiece y caiga.

Si conociéramos las consecuencias de nuestro pecado antes de caer en la tentación, ¿cuántos de nosotros daríamos ese salto fatal? ¡Qué disuasivo sería poder ver el futuro y poder ver el daño que causaríamos a nuestras vidas y las de otros! ¡Si sólo pudiéramos ver de antemano el daño que en última instancia traerán nuestros pecados!

No importa cuán alto estés en el favor de Dios, cuán bendita haya sido tu vida, lo cerca que hayas sentido a Dios en tu vida, el pecado puede hacerte caer y aplastarte. Puede devastar tu vida y tu relación con Dios. Puede empujarte mucho más lejos de Dios de lo que piensas. El pecado te destruirá. Te perseguirá. Te alienará. Estará al acecho. Para derrotarte. Si tú se lo permites.

Y puede suceder más rápidamente de lo que siquiera imaginas.

Por eso, vivir en la bendición de Dios exige que descubramos el pacto que Él ha preparado para nosotros. Que busquemos el propósito que Él ha puesto delante de nosotros. Y que siempre miremos hacia el futuro. Que calculemos el costo de cada decisión. Que mantengamos los ojos fijos en el camino que Dios nos ha puesto por delante, y que nos mantengamos fieles y centrados en él. Comprende los peligros de desviarse del plan que Dios tiene para nosotros.

CAPÍTULO 16

HACER PACTOS CON DIOS

Suelo asombrarme de que nuestro ministerio no esté en bancarrota. En términos prácticos, ya deberíamos haber cerrado hace años. Nunca fuimos buenos para recaudar fondos, y odio pedirle dinero a la gente. Cuando hablo, jamás pido apoyo económico. Muchas veces, los pastores quieren pedir una ofrenda para nuestro ministerio y les permito eso, pero sólo si deciden hacen algo corto y sencillo, y nunca después de que yo hable. No quiero que nada interfiera con el llamado al altar. Las colectas pueden distraer a los pecadores, y trato de ser muy sensible a este hecho. Mucha gente está convencida de que todos los evangelistas son codiciosos, y no quiero que nadie pueda decir esto de nuestra obra.

A lo largo de mis años como evangelista en los barrios bajos de la ciudad, nunca hice las cosas de la manera que se considera apropiada. Nuestro ministerio no tiene un puñado de auspiciantes importantes, y jamás comemos y bebemos con celebridades para recaudar dinero.

Hace poco, entregamos nuestro departamento de correo a una firma externa, y se asombraron de lo desorganizada que era nuestra campaña de recaudación de fondos. Teníamos muy pocos nombres en la base de datos, y casi nunca hacíamos un seguimiento de quienes donaban para poder obtener su apoyo continuo. "¿Cómo lograron sobrevivir todos estos años?", nos preguntaron mirándonos atónitos. No supe qué decirles.

La verdad es que simplemente confiamos en Dios cada día, y Él siempre se encargó de nosotros. Cuando no tenemos dinero, no entramos en pánico ni hablamos por teléfono, sino que nos arrodillamos y oramos. Cuando necesitamos dinero para una cruzada que Dios nos guía a organizar, reservamos un estadio y confiamos en que Dios traerá los fondos para pagarlo. Si alguien tratara de llevar adelante un negocio del mismo modo en que nosotros llevamos adelante el ministerio, los banqueros lo echarían a carcajadas de su oficina.

Pero no quiero hacerlo de otra manera. Éste es el ministerio de Dios, y lo que hago es obra suya, y Él es el único auspiciante que necesitamos. Si quiere que sobrevivamos y continuemos, nos proveerá el dinero que haga falta. Si no es así, nos lo hará saber y cerraremos las puertas.

La bendición de Dios sobre nuestro ministerio es lo que me muestra que seguimos en el curso correcto y dentro de su voluntad. Su mano de provisión es la prueba que usamos para saber si seguimos siendo fieles a nuestro pacto. Yo podría pasar la mitad de mi tiempo llenando planillas de proyección, repartiendo volantes para recaudar fondos o trabajando para atraer contribuyentes, pero nada de esto serviría si no estuviera haciendo exactamente lo que Dios quiere que haga. Es su ministerio, y no el mío. Él organiza mi agenda. Él paga mis cuentas. Él provee lo que necesitamos. Él nos dice dónde ir y cómo ministrar. Él pone mensajes en mi corazón y me guía hacia la gente que necesita oír estos mensajes.

Dios es quien ha hecho este pacto conmigo, y es Él quien lo mantiene vivo. No estoy aquí para agradar a los hombres, sino a Jesús.

CUANDO DIOS PROVEE

Hay un alivio tremendo en vivir bajo la guía y provisión de Dios. Nos quita un montón de preocupaciones. No tengo que preocuparme por saber de dónde vendrá mi próxima comida ni si tendré un lugar donde apoyar la cabeza. Sé que Dios tiene el control total. Y Dios nunca me falló.

En los comienzos de mi ministerio, me preocupaba por mis hijas. Sabía que mi pasado me perseguía y me preguntaba si la maldición de mis padres alcanzaría a mi familia. Sabía que a Satanás no le gustaba la manera en que yo lo atacaba semanas tras semana y el modo en que lo hacía en su propio terreno. Me provocaba constantemente, y yo sabía que les haría lo mismo a mi esposa y mis hijas.

Como evangelista, pasaba mucho tiempo en las calles, lejos de casa, y cuando joven invertía muchas horas orando que Dios cuidara a mi familia, que las protegiera del daño que Satanás quisiera causarles. No desconocía la cólera del diablo. Mi temor estaba bien fundado.

Muchas noches, permanecía despierto en una habitación de hotel orando: "Señor, sabes que intento ser el mejor esposo y padre que pueda. Amo a mis hijas y a Gloria más que a mi propia vida. No podría soportar la idea de que les sucediera algo. Por favor, cuida a mi familia. Por favor, guárdalas mientras no estoy. No permitas que Satanás venga en mi ausencia y les robe el corazón. Cuida a mis bebés, Jesús".

Cada vez que oraba estas palabras, Dios ponía una sensación de paz en mi espíritu. Me decía que si yo permanecía fiel a su llamado para mi vida, Él cuidaría de Gloria y las niñas. Conocía lo que había en mi corazón. Sabía cuánto quería yo servirle y cuánto me dolían los perdidos y desvalidos del mundo, así que me enviaba a alcanzarlos en toda ocasión. Y quería que lo hiciera sin preocuparme por mi familia.

Fue uno de los muchos pactos que Dios hizo conmigo a lo largo de los años. Él prometió cuidar a mi familia, así que las entregué completamente a su cuidado. Y siempre ha guardado su promesa.

¡Cuida a mi bebé!

Recuerdo cuando Gloria estaba encinta con nuestra segunda hija, Nicole. Había sido un embarazo difícil, y Nicole no llegó en la fecha de parto esperada. Yo había organizado mis actividades de manera que pudiese estar allí para el parto, pero se atrasó una semana. Yo me había comprometido a hablar en un evento en Lansing, Michigan, así que reservé un vuelo rápido y le dije a Gloria que volvería al día siguiente de la cruzada.

Detestaba dejar a Gloria en esta condición, pero sabía que Dios cuidaría de ella. Y esperaba estar de regreso antes de que naciera nuestra hija.

La noche de la cruzada, miré el estadio y vi que estaba repleto. No quedaba un asiento libre, y yo oraba a antes de hablar y pedía a Dios que bendijera mi testimonio. Entonces, minutos antes de subir al escenario, hubo una llamada telefónica para mí. Una enfermera me dijo que Gloria había iniciado el proceso del parto y que estaba en el hospital. No quería preocuparme hasta que terminara la cruzada, pero algo había salido mal durante el alumbramiento. El parto de Nicole había sido uno difícil, y no nació todo lo rápido que hubiera debido.

Una ambulancia había trasladado a la bebé de urgencia a un hospital infantil cercano, y su condición no era buena. "Quizá no viva", me dijo la enfermera. Con manos temblorosas, colgué el teléfono. A lo lejos, podría oír la voz del hombre que me anunciaba como orador. Mi mente estaba acelerada por el miedo y la preocupación. *¿Que hago? ¿Cómo puedo subir al escenario con esto que penden sobre mi cabeza? ¡Debo volver con mi familia!*

Comencé a orar: "Señor ¿qué hago? ¿Qué pasa con mi bebé? ¡Por favor no dejes que se muera! ¡No dejes que le pase nada a mi bebé! Por favor, Dios". Oré fervientemente por sabiduría y guía. Levanté la mirada y vi que el hombre que estaba en el escenario me esperaba. ¡No sabía si correr o romper en llanto!

Repentinamente, la calma invadió mi espíritu. Inhalé profundamente, y luego exhalé. Y Dios habló a mi espíritu. *Nicky, prometí que cuidaría a tu familia. Sabes que no permitiré que nada le suceda. Está a mi cuidado. No te preocupes, Nicky. Yo cuidaré a tu bebé.*

Volví a respirar profundamente para recuperar la compostura, y luego me volví hacia el hombre que estaba en el escenario. *Confío en ti, Señor,* oré. *Terminaré tu obra aquí y confiaré en que cuidarás de mi familia.*

Esa noche, experimentamos un poderoso derramamiento del Espíritu Santo. Muchas vidas vinieron a Jesús. Y aunque seguía preocupado por mi hija, sabía que ella estaba a salvo en manos de Dios. Que Él la cuidaría.

Temprano en la mañana siguiente, ya estaba en un avión camino a casa y llegué al hospital para encontrar que la bebé seguía en cuidados intensivos. Los doctores no daban muchas esperanzas sobre sus posibilidades, pero yo sabía que estaría bien. Sabía que Dios la cuidaría.

Cada día en el hospital, nuestra bebé Nicole mejoraba un poco más. También crecían las cuentas del hospital, y Gloria y yo sabíamos que no teníamos dinero para pagarlo. Pero también lo pusimos a los pies de Dios.

Dos semanas después, finalmente le permitieron venir a casa con nosotros. Cuando llegó la cuenta del hospital, casi me desmayo del susto. Sabía que sería caro, ¡pero recibí un curso intensivo sobre los altísimos costos de la medicina!

Aún así, Dios se ocupó de todo, como siempre lo hizo.

Sin miedo a volar

A la mayoría de la gente le sorprendería enterarse de que antes yo tenía terror a volar. Como paso tantas horas volando cada semana, esto puede sonar increíble.

Cuando era joven no tenía problemas con los aviones. Hasta un día en que viajé con David Wilkerson para ver a nuestra buena amiga Kathryn Kuhlman hablar en una cruzada. Íbamos de Nueva York a Pittsburg, y observé que David estaba pálido como una sábana. Se aferraba a los apoyabrazos del asiento, sudando.

"¿Qué pasa?", le pregunté pensando que estaría sufriendo un infarto.

"Estoy bien", dijo. "Es que no me gusta mucho volar. He oído muchas historias de accidentes aéreos y no quisiera morir de esta manera. Estaré bien, dame solamente unos minutos para calmarme."

Antes de eso, nunca me había preocupado demasiado al tener que volar, pero recuerdo haber pensado: *Si David tiene tanto miedo de volar, quizá sea más peligroso de lo que yo pensaba. ¡David no le tiene miedo a nada! Se enfrentó a nuestra pandilla sin pestañear, y ahora está blanco como una sábana.*

En los meses subsiguientes, comencé a desarrollar un terrible miedo a volar. Solía orar a Dios: "Por favor, no permitas que muera en un avión. Todavía no termino de criar a mis hijas. Todavía no termino de servirte. No quiero morir joven... Quiero envejecer con Gloria y las chicas".

Cuánto más oraba esta plegaria, más miedo tenía. Se estaba convirtiendo en una verdadera fobia. Sabía que no podía seguir viajando tanto si no enfrentaba este miedo y lo vencía, pero parecía incapaz de hacerlo.

Hasta que un día oré con fervor: "Señor, por favor, haz algo para quitarme este miedo. No sé qué hacer, pero cada vez que subo a un avión tengo miedo. Muéstrame lo que quieres que haga y lo haré".

Durante mucho tiempo, no sentí respuesta alguna, y luego el Señor puso en mi espíritu una fuerte sensación de alivio. Me dijo: *Nicky, tengo muchos planes para ti y no permitiré que mueras en un avión. No tienes por qué preocuparte. Solamente confía en mí y yo cuidaré de ti.*

El sentido de su voz fue tan fuerte que desde ese momento ya no tuve más miedo a volar. Sabía en mi corazón que Dios había hecho este pacto conmigo, y eso me liberó completamente para relajarme durante mis vuelos. Desde ese día, muchas veces he pasado por situaciones desagradables en aviones. He atravesado tormentas con rayos y ráfagas de viento en todo tipo de aeroplanos, pero nunca tuve miedo. Simplemente le digo a Dios: *Me lo prometiste y confío en ti. Aunque perdamos los motores y caigamos, sé que sobreviviré, porque prometiste que no me dejarías morir en un avión.*

Recuerdo una ocasión en que mi nuevo sentido de valentía fue puesto a prueba. Había estado hablando en una cruzada en Sudáfrica y volaba de regreso a casa en Carolina del Norte. En una etapa intermedia del vuelo, oímos unos ligeros estallidos que venían del fuselaje. No teníamos idea de lo que estaba ocurriendo, y los pasajeros comenzaron a ponerse nerviosos. Por fin, el piloto encendió el intercomunicador para decirnos que los rebeldes de Angola nos estaban disparando. Las balas estaban pegando en el fuselaje del avión.

El hombre sentado a mi lado entró en pánico. Pesaba unos 120 kilos y trató de pasarme por encima para salir de su asiento. Yo no soy un hombre corpulento y quedé aplastado bajo él. No podía respirar ni hablar, y el hombre seguía pugnando por salir. Tenía que hacer algo, así que doblé mi brazo y le pegué en la garganta con la punta del codo. Dio bocanadas buscando aire y debió sentarse en su asiento. "Relájese", le dije. "No sucederá nada. Soy ministro y Dios me dijo hace años que yo jamás moriría en un avión, así que deje de preocuparse. Mientras yo esté en el avión nada podrá sucederle."

Me miró como si yo estuviera loco. Pero al menos su pánico se detuvo. Y lo más extraño de todo era que yo estaba diciendo la verdad. Honestamente, no tenía miedo de morir aunque todos los demás pasajeros estuvieran con gran pánico.

El piloto nos habló nuevamente para decirnos que estaba dando la vuelta para regresar a Johannesburgo. Al poco tiempo, nos rodearon unos aviones militares que nos escoltaron de regreso a un lugar seguro.

Algunos piensan que es tonto sentir calma en medio del peligro, pero las promesas de Dios son tan reales para mí como la carne que envuelve mis huesos. Cuando Dios me dice algo, yo le creo. Cuando dice que me protegerá, echo el miedo fuera de mi mente. Cuando Dios hace un pacto con alguien jamás rompe sus promesas.

PROTEGIDO EN EL TERRITORIO DE SATANÁS

El ministerio al que Dios me llamó no es la obra misionera promedio. Lo que hacemos sería considerado insalubre y peligroso por muchos evangelistas. ¡Locos de atar sería la palabra que mejor nos describe!

Vamos tras las almas perdidas en algunos de los lugares más peligrosos del mundo. Y solemos plantarnos en el corazón de los barrios más peligrosos de esas áreas. Salvamos almas alcanzándolas en la boca de Satanás y arrancándolas de entre sus fauces retorcidas. Como David Wilkerson, nos paramos al borde del infierno y echamos nuestra línea de pescar en el fuego para salvar de la muerte a los hijos perdidos.

No es un trabajo seguro. Los barrios por los que andamos suelen ser lugares a los que la policía teme entrar, lugares donde gobiernan las pandillas y que la gente decente evita. Y la razón por la cual hacemos esto es porque Dios nos ha llamado para este propósito. Este es mi campo misionero, porque aquí es donde Dios vino para salvarme.

A lo largo de los años, nunca tuve miedo de llevar a mis hijas —y ahora a mis nietos— a las calles con nosotros. Cuando realizamos un alcance "Pisa y Corre" en un barrio infestado por las pandillas, mis hijas están allí conmigo, ayudando a instalar los micrófonos y repartiendo folletos y Biblias en la calle. Hoy traen a sus esposos e hijos con ellas. Nuestra familia ha aprendido a no temer ser dañada. A no tener miedo de Satanás y sus pequeños demonios astutos. A no tener miedo de los bravucones del barrio que vienen a reírse de nosotros. Tomamos precauciones, pero nunca nos acobardamos.

La gente puede pensar que esto es extraño, pero sé que Dios cuida de nosotros. Nunca permitirá que nos hagan daño.

Hace años, antes de que comenzáramos nuestros alcances en las zonas urbanas deprimidas, el Señor me dijo que nunca permitiría que nos hicieran daño a mí o a mi familia durante nuestras cruzadas. Me dijo que si yo me mantenía fiel a mi llamado, Él se mantendría fiel a su promesa. Su pacto fue claro, y por eso salimos a nuestra misión completamente confiados.

La gente se sorprende cuando digo que nunca ninguno de nosotros fue lastimado durante una de nuestras cruzadas o alcances en los barrios peligrosos. Hemos realizado literalmente miles de eventos "Pisa y Corre" alrededor del mundo, en los lugares más aterradores que puedan imaginar, casi siempre con tan sólo un pequeño grupo de muchachos, pero nada nos ha sucedido. Cada día hay muchachos que son abatidos en esos barrios, por sólo mirar a alguien de manera equivocada. Sin embargo, nosotros venimos sin ser invitados, emitiendo por parlantes a todo volumen un mensaje que confronta directamente el estilo de vida de esta gente, y siempre salimos ilesos. Ni una sola vez nos han lastimado. Ni siquiera nos han hecho un rasguño. Ni una sola vez ha podido Satanás tocarme a mí, mi familia ni a ninguno de los que trabajan para ayudarnos.

Y no es que no lo haya intentado. Recibimos amenazas e intimidaciones cantidad de veces. Hubo pandillas que nos rodearon, que nos provocaron, que se rieron de nosotros, que nos amenazaron, pero nunca pudieron tocarnos. Dios no se los permitió. Mis hijos siempre estuvieron a salvo, y yo siempre estuve confiado en que así sería.

CREERLE A DIOS

Las promesas de Dios en pacto son tan reales y seguras como cualquier verdad que podamos imaginar. Cuando Dios nos hace una promesa, no sólo es cierta, sino también irrevocable. Y a Dios le gusta mucho hacer pactos con sus hijos.

Sin embargo, estos pactos exigen acción de nuestra parte. Él no hace pactos con gente holgazana o que no se define por él. Quiere personas que confíen en Él, que le obedezcan, que día a día se comprometan con él. Dios quiere hablar con nosotros, y quiere que nosotros le hablemos. Que escuchemos, hagamos preguntas y respondamos cuando nos habla ¡Dios no es pasivo y no quiere seguidores pasivos!

Si escuchamos, podemos oír a Dios hablarnos, tratar de que nos comprometamos, tratar de darnos un mensaje y de obtener una respuesta. Pero muchas veces lo pasamos por alto, no lo oímos. O no estamos prestando atención o no creemos que a Dios realmente le interese hablar con nosotros.

En el Primer libro de los Reyes, Micaías, el profeta de Dios, le contó al rey Acab una visión que había recibido del Señor. Micaías le describió su sueño a Acab, y dijo: "Vi al SEÑOR sentado en su trono con todo el ejército del cielo alrededor de él, a su derecha y a su izquierda. Y el SEÑOR dijo: ¿Quién seducirá a Acab para que ataque a Ramot de Galaad y vaya a morir allí?

"Uno sugería una cosa, y otro sugería otra. Por último, un espíritu se adelantó, se puso delante del SEÑOR y dijo: Yo lo seduciré.

"¿Por qué medios?, preguntó el SEÑOR.

"Y aquel espíritu respondió: Saldré y seré un espíritu mentiroso en la boca de todos sus profetas.

"Entonces el SEÑOR ordenó: Ve y hazlo así, que tendrás éxito en seducirlo" (22:19-22).

Micaías testificó que Dios se comprometía con sus espíritus celestiales de la misma manera en que quiere comprometerse con su pueblo. Dios quiere hablar con nosotros, formularnos preguntas, hacernos pensar y responderle. Nos dio libre albedrío por una razón. No quiere títeres que sólo esperen que Él mueva los hilos para moverse: Él quiere gente pensante, que sienta, que se interese y apasione por responderle, por interactuar con Él y entablar conversación con Él.

"¿Hasta cuándo esta gente me seguirá menospreciando?", le preguntó el Señor a Moisés (Números 14:11). ¡Y no pienses que era una pregunta retórica! Quería una respuesta de parte de Israel. Quería que ellos entablaran conversación con Él. ¡Quería acción!

INTERACTUAR CON DIOS

Cuando Dios habla, quiere que le respondamos. Que contestemos. Que hagamos algo. Que reconozcamos su voz y le contestemos.

Y solamente habla con quienes estén dispuestos a escuchar.

Con frecuencia, pasamos nuestros días buscando cosas sin vida, sin pasión, pasatiempos. Vivimos día a día, sin rumbo, esperando que Dios nos dé instrucciones, guía, una palabra de profecía. Queremos seguir a Dios, pero no tenemos idea de hacia dónde nos está llevando.

Lo veo todos los días: en personas, iglesias, negocios, ministerios, en todas las áreas de la vida. Muchos anhelan oír a Dios y entrar en una relación de pacto con Él, pero nada sucede. La voz de Dios nunca llega. Su guía nunca llega a ser clara.

Pero servimos a un Dios de pasión, un Dios de acción. Un Dios que anhela siervos obsesionados con la obediencia, preocupados por descubrir su voluntad, ¡completamente enamorados de la idea de vivir y morir en la santa presencia de Dios!

Esto es lo que Dios está buscando. Y cuando lo encuentra ¡siempre lo tiene en cuenta!

CAPÍTULO 17

EN LA BENDICIÓN DE DIOS

Siempre me asombra lo divertido que es moverse en la bendición de Dios. Cuando Dios dirige tu camino, siempre tienes una sensación de aventura, y pocas veces será lo que tú esperas. Nunca es aburrido, ni predecible, ni común… y siempre es vigorizante.

He pasado más de cuarenta años viajando y ministrando, siguiendo a Dios dondequiera que me lleve. En esos años, me desvié muchas veces. A veces le fallé, pero siempre volví. Otras veces, he visto a Dios obrar de maneras demasiado maravillosas para expresarlas con palabras. Dios ha demostrado el poder de su Espíritu y su Palabra tantas veces que ya he dejado de intentar anticipar lo qué hará. Cuando el Espíritu Santo guía tus pasos, lo mejor que puedes hacer es agarrarte fuerte y tratar de seguirlo.

No hay nada en esta vida que quisiera cambiar. A veces me canso de tanto viajar, pero nunca me canso de ver la obra de Dios. Cada vez que subo a un avión, sé que va a ser otra aventura con Dios. "¿Dónde me llevarás hoy?", le pregunto a Jesús. "¡No puedo esperar a ver las sorpresas que tienes guardadas!"

Y nunca me decepciona.

Comienza otra aventura

Hace varios años, me invitaron a hablar en una cruzada en Hawai durante el Día de Acción de Gracias, y también a otra en Guam poco después. Pensé que podría aprovechar la oportunidad para llevar a mi familia de vacaciones a Hawai durante los días de la fiesta. Casi siempre pasamos el Día de Acción de Gracias en casa, pero sería esta una buena ocasión para estar unos cuantos días juntos en la isla. Había hablado en Hawai varias veces, pero nunca habíamos ido allí de vacaciones.

Mi familia estaba muy entusiasmada con el viaje. Todavía recuerdo la radiante sonrisa de Gloria mientras caminábamos por el aeropuerto a la terminal de Continental. Despachamos el equipaje, abordamos el avión y partimos.

Aterrizamos en Honolulu cerca de las diez de la noche y fuimos directamente a buscar el equipaje. Los pasajeros sonreían y reían, entusiasmados por estar al fin en el lugar. Volar a Hawai es distinto a volar a otros destinos. Hay algo en la isla que hace que la gente sienta emoción, y siempre hay una sensación de exuberancia en el aire, probablemente porque la mayoría de los pasajeros viene a jugar, y no a trabajar.

Cuando llegamos al lugar donde se recoge el equipaje, me sorprendió ver qué poco seguro era. Eran los inicios de la década del 1990, y la seguridad no era lo que es hoy, pero aún así era raro que no hubiese nadie vigilando las puertas o el equipaje.

Pareció tomar una eternidad para que viniera el equipaje. Obviamente todo estaba un poco atrasado. La gente comenzaba a inquietarse. Pero de repente, la cinta transportadora comenzó a girar y aparecieron algunas maletas.

Una a una, pasaban delante de nosotros mientras esperábamos ansiosos que aparecieran las nuestras.

A un lado, observé a dos hombres afroamericanos que me parecieron algo sospechosos. Había algo en su actitud que no parecía del todo bien. Estaban esperando el equipaje, como todos los demás pasajeros, pero no recordaba haberlos visto en el avión. Y parecían estar observando a las personas, más que a la cinta transportadora.

La gente iba y venía a mi alrededor, todos apurados por tomar sus maletas para ir a sus hoteles. Ya no había una atmósfera tan alegre, y todos parecían molestos por la demora.

Una de nuestras maletas apareció, la tomé enseguida y la ubiqué junto a Gloria. Luego seguí esperando por las demás. De repente, hubo conmoción a un lado de la sala. Los dos hombres sospechosos que había notado antes estaban tratando de ayudar a una estadounidense con sus maletas, pero a ella no parecía entusiasmarle la ayuda. Ella tiraba de la maleta por un extremo y uno de los hombres la tomaba del lado opuesto. Y tironeaban de ambos lados. Mientras sucedía esto, vi que el otro hombre ponía la mano en la cartera de la mujer, a sus espaldas.

Los dos eran ladrones profesionales. Uno creaba una distracción para desviar la atención mientras el otro robaba la billetera de su cartera. Lo vi todo, y una robusta señora afroamericana que estaba frente a mí también lo vio, porque empezó a gritar señalando a los hombres. "¡Le quitó la billetera!", una y otra vez. "¡Ese hombre le sacó la billetera a la señora!"

Los dos hombres se asustaron y salieron corriendo. Todos dejaron de hacer lo que estaban haciendo para ver qué sucedía. La mujer seguía gritando y señalando a los hombres que corrían hacia la puerta de salida.

Crecí en las calles y sabía instintivamente que lo mejor que se puede hacer ante un robo es dejar que se lleven lo que quieran. Tu vida es más importante que un poco de dinero. Nada bueno puede suceder si uno intenta detener a un ladrón que entró en pánico. Usarán lo que sea para poder escapar, un arma, un cuchillo o una piedra. Los delincuentes son de lo más peligrosos cuando huyen para salvar su vida. Lo sé por experiencia de primera mano. He pasado por eso más veces de las que quiero recordar. Lo mejor que se puede hacer es mirarles bien el rostro y la ropa para después poder describirlos a la policía.

Sabía eso porque crecí en las calles. Pero Gloria no lo sabía. Gloria había visto un crimen y quería que alguien los detuviera ¡Y quería que *yo* los detuviera!

"Nicky", gritó a pleno pulmón. "Ve tras ellos. Nicky, ¿por qué te quedas ahí mirando? ¡Ve y atrápalos!"

Traté de hacerle señas de que se calmara, pero ella seguía gritando y señalando: "Nicky, ¿no vas a hacer nada?".

¡De repente, todos me estaban mirando! La otra señora seguía gritando y señalando, y lo mismo hacía Gloria. Nadie se movía, pero todos me miraban como diciendo: "Vamos, Nicky. ¿Es que no vas a hacer nada?".

Todavía no estoy seguro de por qué lo hice, pero fui tras ellos. Quizá por vergüenza. No quería parecer un gallina. Pero mientras corría tras los hombres, recuerdo haber pensado: *¿Qué haces? ¡Te van a matar!*

La adrenalina debe de haber estado fluyendo por mis venas, porque en pocos minutos alcancé a uno de los tipos. Justo cuando estaba por atraparlo, el otro arrojó la billetera de la mujer y salió corriendo en otra dirección. Tomé al hombre por la espalda de su chaqueta, lo tiré contra una pared y lo apreté para que no escapara. No estaba seguro de por qué había corrido tras ellos, pero ahora que había agarrado a uno sabía que tendría que ser contundente. Era un hombre robusto, que casi me doblaba en altura, y lo último que yo quería era agarrarme a puñetazos con ese tipo. Así que hice lo primero que se me ocurrió. Pretendí ser un detective.

"Abre las piernas, grité lo más fuerte que pude. Brazos contra la pared ¡No te muevas o desparramo tus sesos por todas partes!"

El hombre no sabía qué hacer. Sentí que temblaba, y lo oí decir:

"No me lastime, señor. No me moveré. ¡Solamente no me haga daño!"

Puse mi mano en su espalda y lo empujé todavía más contra la pared. El instinto me indicaba que no debía demostrar miedo y que tenía que mantener esta actitud intimidante. Aunque mis huesos y mis entrañas me decían que estaba loco por correr este riesgo.

"Te he estado observando", dije con sorna. "No tengo paciencia con los de tu clase. ¡Mantén los brazos y las piernas apartados hasta que lleguen mis refuerzos! ¡Y no me hagas cometer una locura!"

Todo el tiempo el joven me rogaba que no le hiciera nada.

"Por favor, déjeme ir", decía. "No lo volveré a hacer. Me obligó mi amigo. Nunca volveré a robar. Deme una oportunidad. Por favor ¡déjeme ir!"

Yo no tenía idea de si alguien había llamado a la policía, pero no iba a correr riesgos. Le dije: "Mira, chico. Te voy a dar la oportunidad de que te vayas. ¡Pero no quiero volver a verte por aquí! ¿Entendiste? ¡Corre, y sigue corriendo si sabes lo que te conviene!".

"Gracias, señor. Nunca volveré a hacerlo. Gracias", dijo temblando todavía. Lo dejé ir y corrió tan rápido como le dieron sus piernas. Estaba muerto del susto. Y sentí alivio de que nadie hubiera salido lastimado ¡Especialmente yo!

¡SIGO CON VIDA!

En el auto, de camino al hotel, no dije palabra. Sinceramente estaba un tanto aturdido y molesto con Gloria por haberme involucrado en el incidente. Teníamos con nosotros a Elena, y no quería que supiera lo que había pasado.

Pero mientras nos registrábamos en el hotel, Gloria me dijo: "Nicky, no tenía idea de que fueras tan valiente. Nunca te había visto así. ¡Estuve tan orgullosa de ti!".

"Valiente", dije. "Fue la cosa más estúpida que haya hecho jamás. Deberías dar gracias a Dios de no ser viuda en este momento. ¿Sabes lo peligroso que fue eso? Era más joven y fuerte que yo, y es probable que tuviera una navaja o un revólver. ¡Podría haberme matado!"

Gloria estaba atónita. Y yo, un poco avergonzado por haberme molestado con ella. Pero sabía que mi acción había sido peligrosa, y seguía irritado porque sus gritos me habían hecho involucrarme.

No estoy seguro de que Gloria me creyera en ese momento, pero cuando más tarde le relató el episodio a Sonny Arguinzoni, su reacción fue la misma que la mía: "Gloria, eres afortunada de no haberte quedado viuda", le dijo. "No hubiera pensado que Nicky podría hacer algo como perseguir a un ladrón que huye. ¡Podría haberlo matado!"

Sonny creció en las calles, como yo, y entendía sus peligros. Pude ver que lo que dijo Sonny impactó mucho a Gloria. No creo que quiera volver a verme envuelto en otro atraco.

Mirando atrás, me asombra mi reacción de ese momento. Podría haber mirado hacia otro lado, y luego explicarle a Gloria por qué no había perseguido a los ladrones. Mi familia es más importante que la billetera de una mujer. Pero mi orgullo se puso en el camino, y me hizo hacer la cosa más estúpida. Dios me protegió de todas maneras; a pesar de mi estupidez, Él envió a un ángel para que me guardara.

Casi puedo imaginarlo diciendo: "Bien, Nicky, ahora que ya sacaste todo tu machismo fuera de tu sistema, vamos a trabajar. ¡Nunca vuelvas a intentar algo así!".

UN TIFÓN ACIAGO

Llegó el Día de Acción de Gracias, y prediqué en el coliseo. La respuesta fue maravillosa. Hubo un gran derramamiento del Espíritu Santo.

Mi familia pasó unos hermosos días de vacaciones en Hawai, pero luego llegó el momento de ir a Guam.

Unas noches antes del vuelo, vimos en el noticiero que un tifón se acercaba a Guam y se esperaba que llegara justamente dos días antes de nuestra cruzada. Me pregunté si la cruzada debería ser cancelada, pero como no recibí noticias antes del vuelo, decidí volar y ver qué habían planeado.

El tifón fue uno de los peores en la historia de Guam. Arrasó el centro de la isla. Nuestro avión debió sobrevolar el aeropuerto varias veces, buscando la oportunidad de aterrizar. Temíamos que el avión debiera desviarse, pero el piloto persistió hasta que los vientos cedieran por un momento, y aterrizó rápidamente en la pista.

El avión se detuvo bastante lejos de la terminal y la aeromoza nos dijo que tendríamos que tomar nuestro equipaje y caminar. "Vayan con cuidado", avisó. "Los escalones están muy resbaladizos."

Tomé mi abrigo y mi portafolio, y avancé detrás de una señora con dos niños. Recuerdo haber vigilado a los niños para que no se cayeran. Varias personas resbalaron, y recuerdo haber pensado que los niños quizá también caerían. Repentinamente, resbalé. Caí de espaldas y mi portafolios voló por el aire. Al caer al suelo se abrió, y los papeles, libros y carpetas salieron volando. Todos los pasajeros se detuvieron para mirarme.

Allí estaba yo, sentado en el piso mojado, con mis cosas desparramadas por todas partes. "Estoy bien", decía. "No se preocupen. No me rompí nada." Por dentro, la vergüenza me carcomía.

Me levanté y sacudí mis pantalones empapados, pero había una enorme mancha en la parte trasera de mi pantalón. No me avergüenzo fácilmente, pero esta vez sentí ganas de esconderme bajo una roca.

Fui al hotel para descubrir que nadie en el área tenía agua corriente. El tifón había dañado la planta de provisión de agua y no se esperaba que volviera a funcionar por varios días, que podían ser muchos.

Todavía no podía saber si se realizaría nuestra cruzada. El estadio había sufrido las consecuencias del tifón y no había forma de que estuviera listo a tiempo, pero el gobernador continuaba diciéndome que encontraría una solución. "Quiero que la gente te oiga hablar", me dijo aunque no tenía idea de cómo lo haría. Le dije que contara conmigo para lo que pudiera necesitarme.

Durante dos días, permanecí en la habitación del hotel sin agua. No podía bañarme ni afeitarme, y ya estaba poniéndome ansioso con la espera. Recuerdo haberme sentido muy desalentado. Oré: "Señor ¿para qué me trajiste aquí? Pasé vergüenza en el aeropuerto, me veo horrible y el estadio está clausurado. ¿Qué estoy haciendo aquí?".

Pequeños milagros

Al día siguiente, desperté y todavía no tenía agua en la habitación. Me había enterado de que el gobernador se estaba ocupando de encontrar un lugar para la cruzada, así que supuse que hablaría en algún lugar. No me había movido en días, y estaba inquieto. Decidí correr a la playa y lavarme en el océano. Me imaginé que podía tomar una pequeña toalla y correr por las calles de Guam unas diez o doce millas, para ir luego hasta el océano.

Mientras corría, pude tener una idea de lo que el tifón había hecho a la isla. Las calles y jardines estaban cubiertos de lodo y suciedad, y había lugares por donde era directamente imposible pasar. No podía imaginar que alguien pudiera interesarse en venir a mi cruzada después de lo sucedido. Ni siquiera sabía cómo llegarían al lugar. Casi no había transporte público y todos estaban ocupados limpiando sus casas. Mientras corría, sentía cada vez más desaliento.

Terminé en la playa, pero antes de entrar al agua me senté en la arena para descansar y reflexionar sobre lo que había visto. Todavía no estaba seguro de por qué Dios me había traído a Guam en medio de un desastre. Y no me entusiasmaba la idea de pasar el resto del día con picazón por haberme bañado en agua salada.

"Señor ¿por qué no tengo siquiera un lugar donde lavarme?", oré. "Sé que es un pedido tonto, pero necesito afeitarme y bañarme, y no quiero dar mi testimonio oliendo a agua de mar, con el cabello pegoteado por la sal."

Mientras oraba, recuerdo haber pensado que estaba pidiendo algo trivial. Seguramente Dios está más interesado en lo que digo que en si pude bañarme o no. Quiero decir, veamos a Juan el Bautista. ¡Probablemente tuvo mal olor todo el tiempo, pero mira cuánto bien hizo!

Empecé a sentirme mal por haberme quejado al saber que tanta gente en la isla estaba en condiciones mucho peores que las mías. Muchos habían perdido sus casas o sus autos, y lo único que yo había perdido era la posibilidad de bañarme durante unos pocos días. "Señor", oré. "Perdóname por ser egoísta. Estoy aquí para llegar a las personas con tu mensaje, y haré lo que sea necesario para cumplir. Úsame del modo que consideres adecuado. Ya no me quejaré."

Entonces, me eché de espaldas sobre la arena, apuntalándome sobre los codos. El suelo me pareció más duro de lo que había imaginado y sentí algo frío y mojado en el codo izquierdo. Me incliné y vi un pequeño charco, donde había estado apoyado mi codo. *Qué raro,* pensé. *Estoy lejos del océano como para que haya agua aquí.*

Cavé un poco en la arena, y cuanto más cavaba más agua salía del suelo. Tomé un poco de agua en el hueco de mi mano y la olí. *No es agua salada.* Seguí cavando con mis palmas, y pronto un enorme charco de agua borbotaba desde el suelo, ¡agua dulce, de manantial! Era como un aljibe, a pocos centímetros de la superficie. No había explicación para esto, sin ríos o estanques en las cercanías. Era agua limpia y clara.

Me arrodillé, y comencé a lavarme las manos y la cara. Tomé un poco en mis dedos y la probé con la lengua. Era maravillosa, como agua mineral de botella. Entonces, me lavé el cabello, me afeité y me lavé debajo de los brazos.

"¿Lo mandaste tú, Señor?", oré casi sin poder creer que Dios hubiera provisto semejante bendición para mí. "¡Gracias, Jesús! Gracias por esta agua limpia."

Mientras me bañaba y jugaba en el fresco manantial, algunas personas de la playa se acercaron a mirar lo que pasaba. No podían creer lo que veían. "¿De dónde salió esta agua?", preguntaron. Pero yo no sabía qué contestar. Varios me ofrecieron dinero para que les permitiera bañarse, pero reí y les contesté. "No es mía. Es agua del Señor ¡Y hay mucha! ¡Suficiente como para todos!"

A lo largo y lo ancho de la playa, apareció gente que venía a bañarse en el nuevo manantial que Dios había provisto. Al poco tiempo, había una larga fila, y cada persona esperaba su turno. Todavía no sé de dónde salió el manantial, sólo sé que Dios consideró conveniente darnos esta pequeña e inesperada bendición, a mí y los demás que estaban en la playa.

Eso es lo divertido de vivir con Dios. Uno nunca sabe qué hará. ¡Pero sí sabe que cualquier cosa que haga será emocionante!

DIOS PROVEERÁ

No había un sólo estadio, coliseo o teatro abierto en toda Guam, y el gobernador se estaba quedando sin opciones para nuestra reunión. Durante un tiempo, pareció que tendríamos que cancelar la cruzada. Sin embargo —a última hora— logró convencer a los propietarios del centro comercial más grande de la isla para que cerraran más temprano y me permitieran hablar en el piso principal.

Esa noche, el lugar estaba repleto, con gente que venía desde todos los rincones de la isla. Yo no estaba seguro de que pudieran caber todos en el centro comercial. Llenaban cada centímetro cuadrado del área principal, y desbordaban hacia los pasillos laterales. Miles de personas, apretadas en un área relativamente pequeña.

El gobernador hizo traer un escenario y equipo de audio, y lo ubicó en el centro para que yo diera mi testimonio. Después, durante el llamado al altar, la gente venía desde cada rincón del centro de compras. Muchos solamente habían ido de compras, y se encontraron en medio de un servicio religioso, convencidos por el Espíritu Santo de dar un vuelco a sus vidas. Cientos de personas fueron salvas ese día. El gobernador y su esposa lloraban de emoción. "Es tiempo de renovación para nuestra isla", me dijo. "Gracias por venir."

Yo estaba tan lleno de júbilo por lo que había hecho el Señor que reí con ganas y le dije al gobernador: "Este viaje ha sido una de las aventuras más grandes de mi vida. Casi me mataron mientras me hacía pasar por investigador privado en Hawai, hice el ridículo en el aeropuerto de Guam, y tuve que bañarme en un manantial milagroso de la playa. No estoy seguro de qué es lo que Dios intenta enseñarme, pero ciertamente es interesante. Me pregunto qué tendrá planeado ahora".

Siempre dije que quienes seguimos la guía del Espíritu Santo no nos aburrimos jamás, y una y otra vez Dios prueba que tengo razón. Moverse en la bendición de Dios es cualquier cosa menos monótono. Nunca sabes adónde tendrás que ir, qué cosas te enseñará Dios, cómo te utilizará o qué milagros hará en tu camino.

Si no tienes eso en tu vida, no pases un día más sin encontrarlo. No vivas un minuto más sin experimentar el poder de cambiar vidas del Espíritu Santo. No pases un segundo más fuera de la ungida bendición de Dios. Cuando Dios dirige tu camino la vida nunca, nunca es igual.

LA BENDICIÓN SUPREMA

A ti y a mí se nos ha dado un regalo más grande de lo que podríamos imaginar o pedir. Se nos ha confiado la bendición más poderosa que se pueda recibir. Es el don del Espíritu Santo. El Espíritu de Dios. El Espíritu que *es* Dios, que vive dentro de nosotros, dirigiéndonos, guiándonos, dándonos poder para cosas grandes y maravillosas.

Y con este don viene también una gran responsabilidad. Debemos tomar este don y usarlo para gloria de Dios. Usarlo para *extender* la gloria de Dios, extender la obra del reino.

Cuando nos movemos en la bendición de Dios nunca podemos olvidar la fuente de esa bendición ni la razón por la cual Él nos bendice. No es para que estemos cómodos, sino para darnos poder para un servicio todavía mayor.

Nadie está tan obsesionado por salvar almas como Dios. Su corazón arde por quienes necesitan su amor y perdón, por quienes se niegan a contar con Él para su futuro, por quienes todavía necesitan entender cuánto los ama y cuida Dios, cuánto quiere estrecharlos en sus brazos con amor, besar su dolor para borrarlo, ¡y traerlos al redil de la eternidad!

Dios vive para ver el día en que al cielo literalmente le estallen las costuras por estar tan lleno de almas, y ha confiado en ti y en mí para esta tarea. Ha puesto su fe en nosotros para que llevemos esta carga por él, para que llevemos su mensaje de esperanza a un mundo perdido. Anhela que desarrollemos una obsesión del alma en lo profundo de nuestro corazón.

Si todavía no has abrazado la pasión por las almas que Dios quiere que cada uno de nosotros tenga —esta pasión que Jesús mostró durante sus días en la tierra— entonces comienza hoy a pedirle a Dios que la haga arder en tu corazón.

Si todavía no tienes un corazón misericordioso para quienes necesitan a Jesús, ora por una carga en tu alma. Ora porque Dios te ayude a ver a las personas como Jesús las ve.

Si todavía no has recibido una visión de Dios, un pacto de Dios, un sentido de su propósito para tu vida, entonces ponte de rodillas y sigue arrodillado hasta que lo recibas. Pídele a Dios, ruégale, persíguelo hasta recibir un sentido claro del propósito específico de tu vida dentro de su gran plan y lo que quiere que hagas para realizar esa visión.

Entrega todo tu corazón a Dios, y Él encenderá dentro de ti una obsesión del alma más grande de lo que podrías soñar hacer. Te dará una carga por quienes necesitan a Jesús. Y luego te dará todas las herramientas que necesites para alcanzarlos. Trabajará a través de ti más vigorosamente, más poderosamente, más sobrenaturalmente de lo que tus oraciones más audaces podrían concebir.

Confía en Dios, cree en Dios, ama a Dios, depende de Dios, dale todo lo que eres y tienes a Dios, y te moverás en la bendición de Dios.

ACERCA DEL AUTOR

Nicky Cruz es el autor de diecisiete libros, varios de ellos éxitos de ventas, incluyendo al clásico cristiano de todos los tiempos *¡Corre Nicky!, ¡Corre!* Hoy se celebra el trigésimo séptimo año de su publicación en cuarenta y tres idiomas de todo el mundo. Sigue en la lista de los diez libros más vendidos en el Reino Unido. Su libro más reciente es *Un santo fuego: Deje que el Espíritu le encienda el alma.*

Nicky es un ministro y evangelista que ha alcanzado a decenas de millones de personas en todo el planeta con su poderoso testimonio. Es el presidente de Nicky Cruz Outreach y fundador de TRUCE, un ministerio internacional de discipulado que se dedica a alcanzar y capacitar a jóvenes de todo el mundo. Cada año, habla ante más de quinientas mil personas en estadios y lugares de reunión de todo el mundo. El Wall Street Journal describe a Nicky como "el Billy Graham de las calles", un título que describe adecuadamente su influencia para la causa de Cristo.

Nicky tiene cuatro hijas y siete nietos. Vive en Colorado Springs con su esposa, Gloria. Puedes visitar su sitio web: www.nickycruz.org.